Тамара Молчанович
Ирина Суббота

Твой внутренний мир

Тамара Молчанович
Ирина Суббота

Твой внутренний мир

Ответы на некоторые волнующие вопросы

Bloggingbooks

Impressum / **Выходные данные**

Bibliografische Information der Deutschen Nationalbibliothek: Die Deutsche Nationalbibliothek verzeichnet diese Publikation in der Deutschen Nationalbibliografie; detaillierte bibliografische Daten sind im Internet über http://dnb.d-nb.de abrufbar.

Библиографическая информация, изданная Немецкой Национальной Библиотекой. Немецкая Национальная Библиотека включает данную публикацию в Немецкий Книжный Каталог; с подробными библиографическими данными можно ознакомиться в Интернете по адресу http://dnb.d-nb.de.

Coverbild / Изображение на обложке предоставлено: www.ingimage.com

Verlag / Издатель:
Bloggingbooks
ist ein Imprint der / является торговой маркой
OmniScriptum GmbH & Co. KG
Heinrich-Böcking-Str. 6-8, 66121 Saarbrücken, Deutschland / Германия
Email / электронная почта: info@bloggingbooks.de

Herstellung: siehe letzte Seite /
Напечатано: см. последнюю страницу
ISBN: 978-3-8417-7149-0

СОДЕРЖАНИЕ

ПСИХОЛОГИЯ ОТНОШЕНИЙ

Введение

Внутренний мир человека очень богат и разнообразен. Часто он сам об этом даже не догадывается. Череда каждодневных событий и суета не позволяют ему расслабиться и открыть своё сердце. А ведь там, в глубине, живёт чистая душа, которая терпеливо ждёт и надеется. Чтобы помочь людям это осознать, а также попытаться ответить на некоторые волнующие душу вопросы, родилась идея создания блога «Волшебная муза», на основе которого и была написана эта книга. Многое из того, о чём здесь говорится, близко как автору, так и любому из вас, дорогие читатели. И если хоть одному человеку она поможет, это будет означать, что всё было не напрасно.

Меня зовут Тамара Молчанович (Ромушкина). Работаю начальником лаборатории на заводе сантехники, хотя получила биологическое образование и природу люблю с детства. Особенности внутреннего мира человека меня интересовали давно. А жизненные события привели к более глубокому изучению психологии и пониманию мира. Это очень увлекательно, когда полученные знания из книг подтверждают твои внутренние ощущения, а погружение в себя открывает всё новые грани непознанного. На этом пути меня поддерживает психолог и друг Ирина Суббота.

СУМЕРКИ В ЖИЗНИ ЧЕЛОВЕКА

Я иду по дороге. Тишина. Нет машин и людей. Дорога абсолютна пуста. Только ветер шумит в ветвях. Но не сильно, он просто переговаривается о чем-то, что ведомо только ему. Сумерки. Вы наблюдали, как опускаются на землю сумерки? Нет?! Обратите внимание. Это очень красивое природное явление. Сумерки являются предвестниками вечера. Они очень тихо и не спеша охватывают землю. Я продолжаю идти. И впереди вижу аллею. Я вхожу под свод, который сделали деревья. И начинаю улавливать запахи. И уношусь мыслями далеко назад. В морской город, где мы каждое лето проводили с семьёй. Там тоже есть такая аллея. И запах такой же. Пахнет еловыми ветками, настоянными на теплом солнце. В заходящих лучах заката переливаются листья тополей. Сумерки... Я пытаюсь заглянуть за горизонт. Увидеть хоть самую малость, из того, что мне нужно знать. Увы, нам, Слава Богу, не дано знать будущее. Солнце уже исчезло за тучами и вдалеке видны лишь горы и луга. Сумерки почти уже окутали все вокруг. Зажигаются первые фонари. Подходит к окончанию ещё один летний день. Я подхожу к городу. Из тишины, начинают надвигаться различные шумы. Слышны детские голоса.

В жизни каждого человека возникает время, когда ты начинаешь блуждать и находишься именно в сумерках. Почему я говорю именно сумерки? Потому, что ночь — это непроглядная тьма (с проблесками луны и звёзд). А вот сумерки, они надвигаются на человека так быстро и незаметно, что ты просто отказываешься замечать какие-либо изменения в какую-либо сторону. Тебе кажется, что все по-старому, а потом вдруг оглядываешься вокруг и понимаешь, ты заблудился. Ты как будто растворился в надвигающихся сумерках. Тебе кажется, что выхода нет. Человека внезапно «накрывает» покрывалом страха и безысходности. И именно в сумерках важно выстоять.

Так как, ещё раз повторюсь: за ночью всегда приходит рассвет. А вот выйдете ли вы из сумерек, из того сумеречного состояния в которое попали, это зависит только от вас.

В психиатрии есть такое понятие «сумеречное состояние сознания». Это:

«Сумеречное состояние (помрачение) сознания определяется как внезапная и кратковременная утрата ясности сознания с полной отрешённостью от окружающего или с его отрывочным и искажённым восприятием при сохранении привычных автоматизированных действий»

Поэтому сумеречное состояние человека опасно тем, что он «думает», что все в порядке, а на самом деле его все больше и больше затягивает в пучину. И выбраться оттуда бывает тяжеловато. Необходимо обладать огромной силой духа, силой воли, доверять Богу и себе, чтобы в итоге выбраться на волю из той темницы, в которую мы сами себя и заточили. Вдохнуть свежий ветер, и наконец-таки начать жить!

Ирина Суббота

ПСИХОЛОГИЯ ЛЮБВИ

БЕЗУСЛОВНАЯ ЛЮБОВЬ

Как-то у меня спросили - а разве можно любить, ничего не ожидая взамен? Оказывается можно. Это есть безусловная любовь. Вопрос другой – а разве она ещё встречается и вообще когда-то существовала? Но каждый получает то, во что верит. И это не пустые слова. Если отбросить рассеянность, суматоху и суету, внимательно прислушаться к себе, оглянуться вокруг, замечая самые малейшие колыхания веточки под порывом ветра и рисунок прожилок на крыльях стрекозы, то можно открыть для себя оочень многое..

Безусловная любовь в природе

Оказывается, в природе нет понятия выгоды. Всё в ней находится на своих местах, выполняет строго отведённую ему роль и не ждёт, что кто-то его оценит, отблагодарит. Реки текут своим чередом, перенося тонны воды с места на место, предоставляя среду для обитания рыбам и птицам, отражая проплывающие в небе облака, просто так... Животные выращивают своих детёнышей, целиком заботясь о них до поры до времени, не ожидая подарков и объятий.. Благотворные капли дождя увлажняют землю, давая возможность расти растениям.... В природе всё взаимосвязано, причём очень тесно и мудро. Мудрости у неё нам ещё долго можно учиться.

Безусловная любовь среди людей

А теперь давайте вспомним наши, человеческие отношения с детьми. Все дети прекрасны и чисты изначально. Такими они приходят в этот мир. И в самом начале жизни излучают радость и свет. Каждый ребёнок любит своих родителей, не зависимо от их статуса, материального положения и черт характера. Причём эта любовь именно безусловная, не замешанная на всякого рода ожиданиях. Это уже позже, в процессе воспитания, мир ребёнка может искривляться и перекашиваться.

А все ли родители любят своих детей? Не берусь утверждать абсолютно, это выбор каждого в отдельности. Но в природе человека заложена любовь к своему чаду, забота о нём и нежные чувства. Замечали ли вы, что одинаковые выходки другого человека и своего ребёнка вы воспринимаете по-разному? Безусловная любовь заставляет слегка сквозь пальцы смотреть на маленькие шалости детей, зато вызвать негативную реакцию на похожую «шалость» уже не так горячо любимого мужа, к примеру. Почему? Да опять же, всё дело именно в той самой безусловной любви! Дитя мы любим уже за то, что оно – наше продолжение, наше творение и просто так)) Если же в ответ ожидаем преклонения или беспрекословного повиновения, то это уже корысть, гордыня, всевозможные страхи и уж никак не чистая и непогрешимая любовь безо всякой корысти.

Первая любовь тоже часто бывает чистой и незапятнанной большими ожиданиями. Когда мальчик или девочка влюбляется, сам факт созерцать объект своей любви для него или неё – уже счастье. И этот миг быстротечен, ибо чувства в душе вспыхивают, горят ярко и постепенно могут затухать. Или же огонёк поддерживается долго, если отношения доверительные, лёгкие и с уважением. Любое грубое слово может всё омрачить и разрушить.

Человеческие отношения – область, где всё зыбко, тонко, гипер чувствительно. И просто преступление относится к ним беспечно! Не зря говорят, что словом можно убить, а можно и вылечить. Давайте говорить друг другу лишь хорошие слова, посылать лишь созидающие мысли, прощать обиды и делать как можно чаще приятные сюрпризы. Порой простая улыбка способна совершить чудо – поднять настроение, облегчить душу, придать уверенности. Наша жизнь в наших руках, и в наших силах сделать её лучше!

ЧТО ЗНАЧИТ ЛЮБИТЬ СЕБЯ?

 А известно ли тебе, мой дорогой читатель, что почти всё в нашей жизни происходит от Любви? Ты можешь сказать — да, конечно! И будешь прав! Но не всё так просто. Любовь – это чистое, доброе, безусловное и искреннее чувство, состояние души. Всё остальное, где есть зависимость, выставление условий или даже агрессия, завуалированная под «любовь», таковой не является.

Сегодня мы поговорим о Любви особенной, без которой человек не может жить полноценной жизнью…

Говорят Любовь бывает разной. Да, наверное. Но ни один человек не может подарить другому свою Любовь, если сам не обладает ею. Мы не можем отдавать то, чего у нас нет.

Вот почему я решила затронуть сегодня тему Любви к себе. Это вовсе не эгоизм, как думают многие. Любовь к себе – искусство.

Как полюбить себя, взгляд психологии:

Любить себя – значит праздновать сам факт существования своей личности и быть благодарным Богу за подарок жизни.

Любить себя – это значит избавиться от любой формы агрессии в свой адрес. То есть избавиться от чувства вины, самокритики, недовольства собой, ненависти к себе, жалости.

Любить себя – значит прежде всего уважать свою личность, любить и принимать себя таким, какой есть.

Любить себя – значит первое чувство благодарности и радости отдавать Богу, Вселенной, частицей которого и которой мы являемся.

Это вовсе не самолюбование, как вы видите, это здоровое видение в себе личности, частички Бога. Бога в широком понимании этого слова. Бог — это всё, окружающее нас, вся Вселенная. Которая обладает колоссальной энергией и силой. Если мы сможем осознать и принять это, то до истинной любви к себе останется всего один маленький шаг. Но и этот шаг никто не сделает за нас…

КАК ПОЛУЧИТЬ ЛЮБОВЬ?

 Наполни жизнь любовью! И тогда она превратится в сказку, сказку наяву…

«Перестань думать, как бы получить Любовь и начинай отдавать. Отдавая, ты получаешь. Иного пути нет…»
                                                                     Ошо

Каждый из нас нуждается в Любви. Без неё многие не живут, а существуют. Почему? Потому что ждут, когда же их кто-то полюбит, заметит, подарит весь мир. Время идёт в бездействии, а ситуация не меняется. Опять же, почему? Да потому что не следует ждать, а лучше осознать, что весь мир — есть Любовь, она живёт в каждом из нас! Начните отдавать её во Вселенную и в ответ получите ещё больше Любви!

Вот что думает по этому поводу Ирина Суббота, автор статей на темы духовного роста и взаимоотношений, психолог, обладатель второй степени Рейки.

Наполни Жизнь Любовью

«Помни, что ты есть частичка Бога, но в то же время не возгордись тем, что ты есть Бог. Ты – человек и вместе с этим ты часть Бога, в тебе изначально отсутствует грех, о котором нам рассказывают все религии мира на протяжении двух тысяч лет. Пришло то время когда тебе говорят: «Бог любит тебя таким, какой ты есть, он никогда не делает зла. Никому». Он любит всех одинаково просто за то, что мы есть. Когда ты достигаешь любви к нему, всё становиться на свои места. Любовь к Богу начинается с нас самих…

Бог есть всё! Жить можно только благодаря Любви. Без неё человек постепенно деградирует. Всё созданное Богом есть Любовь, потому что Бог и есть сама Любовь. А значит и я, и всё что меня окружает и есть Любовь. Просто нужно посмотреть на всё и понять, что Бог создавал всё с Великой

Любовью, а значит, всё уже изначально и есть Любовь. Её без надобности искать где-то. Она внутри нас и вокруг нас. Нужно только шире открыть глаза и хорошо услышать, как нам кричат со всех сторон: «Люди, учитесь любить!»

Божественная Любовь самая большая сила во Вселенной. С ней можно творить всё. Радость, Любовь, Вера — вот три составляющих, без которых жизнь на Земле попросту невозможна. Сейчас это уже элементы выживания. Без этого отсутствует возможность развития и жизни на планете в дальнейшем. Человеку необходимо понять, что без Любви нет ничего. Дарить, отдавать, брать нужно с Любовью. У нас у всех есть немного времени.

С любви к Богу начинается Жизнь, и с Любовью к Богу мы уходим из этого мира. Покидая Землю, уходим из него без сожалений и боли, с нами остаётся только Любовь. Таков закон.

Учитесь любить и радоваться Жизни!»

Я полностью согласна с Ириной! Чем прозябать всё время в серости, брюзжать на всё подряд и чувствовать себя жертвой ситуации, лучше наполнить свою жизнь любовью, оглядеться вокруг и замечать птичек на ветках, радугу в фонтане, смех детей в песочнице… Уже только от этого в вашей душе поселится Надежда и Радость, а на лице заиграет улыбка.

ПОИСКИ РОДСТВЕННОЙ ДУШИ

 Души встречаются, когда мы в это верим и ищем друг друга. Никогда не стоит отчаиваться!...

Когда наступает долгожданная весна, природа только просыпается, мой кот уже её чувствует вовсю... Так уж всё устроено, что с приходом весны начинается пробуждение. И чувств в том числе. К тому же, я уверена, что и Женский праздник не зря придумали тоже Весной. Кто, как не Женщина, воплощает в себе красоту и нежность? И перед кем бы она представала Богиней, если бы не было Мужчин?! Да, именно так, только двое могут быть по-настоящему счастливы. И каждый из нас мечтает найти свою родственную душу... Но как?

Говорят, браки совершаются на небесах. Но это случается лишь в случае счастливых браков, когда встречаются две родственные души.

Сейчас я расскажу вам один способ, которым вы можете воспользоваться, если верите, что наши мысли и слова притягивают то, о чём мы просим.

Представь, что ты находишься рядом с родной душой, что тебя глубоко любят и чтят. Потом скажи:

«Боги и богини шлют нам с Небес любовь; Энгус и Афродита, мужчина и женщина, которые символизируют красоту и очарование; Гиневра и Изольда, которые приносят нам волшебную любовь: я приглашаю вас на моё духовное венчание. Я соединяюсь со своим избранником сначала в духовном союзе. Я глубоко ощущаю моего возлюбленного в теле и в душе моей. Я шлю это чувство моей родственной душе, и благодарю вас за то, что вы доставите моему возлюбленному эти чувства, как священное послание Валентина. Спасибо вам за то, что вы соединяете меня с родной душой в эфире. Спасибо вам за то, что вы ведёте нас, чтобы мы нашли друг друга. Спасибо вам за то, что вы соединяете нас в блаженном союзе. Спасибо вам за то, что вы наблюдаете за

моей любовной жизнью».

Того, кто попросит искренне, непременно услышат. Наши души встречаются, когда мы приоткрываем им дверцы ...

КРАСОТА ДУШИ ЧЕЛОВЕКА

 Красота души человека – самое ценное, что есть на земле, и её просто невозможно переоценить. Внешность – это всего лишь оболочка, внешнее оформление внутреннего мира личности.

«То, что восхищает нас в видимой красоте, — это всегда лишь невидимое»   Мария фон Эбнер-Эшенбах

Давайте поговорим о том, что есть у каждого человека — его внутреннем мире, о его душе — не зависимо от того, верит он в это или нет. И о том, что душа каждого человека изначально прекрасна и чиста.

Душа человека

Думаю с тем, что у каждого человека есть душа, все из вас согласятся. Вот только мнения о том, что она из себя представляет, где находится, откуда приходит и куда уходит после смерти, разнятся. Учёные пытаются разгадать тайну с чисто материальной точки зрения, а религия выдвигает свою теорию. Самое интересное, что единого мнения на этот счёт не существует, не смотря на высокие достижения науки и техники.

Я ни в коем случае не посягаю на поиск окончательного решения в этом вопросе, а лишь хочу высказать своё мнение и поделиться своими мыслями с читателями.

Где живёт душа?

В свете последних достижений человечества, можно уверенно сказать, что в человеке успешно сочетается материальная его часть, в виде тела, которое видимо, осязаемо, подвержено временным процессам и физическим законам, в совокупности с физиологическими закономерностями. А также – не материальная часть, взгляды на которую различны. Если тело доступно для изучения, как учёными, так и самим человеком, то духовная составляющая личности ещё очень мало изучена. Но представляет исключительно великий интерес у всего человечества.

Где живёт душа? В мозге, в сердечной чакре или в солнечном сплетении? А разве это столь важно, чтобы устраивать дискуссию?! Она живёт в нас, в каждом из нас. Своя, индивидуальная душа. Частичка всеобщей Вселенской силы. Вполне возможно, что перед рождением, душа заранее выбирает себе уроки и испытания, которые ей предстоит пройти на Земле, в тесном контакте с телом ребёнка, а затем человека, в котором она воплотится. Вот почему говорят, что душа всё заранее знает, стоит лишь к ней прислушаться. А интуиция, не является ли она «языком» бессловесной души? Ведь как часто наши предчувствия оправдываются…

Красота души человека

Бытует мнение, что все души изначально светлые и чистые. Вот почему ребёнок после рождения похож на ангелочка. Ведь ангелы – слуги Души. Это уже потом на чистую душу малыша накладываются оболочки чёрствости, эгоизма, капризов, а также – ответственности, долга, трудолюбия… Слой за слоем, час за часом…. И вскоре чистота может стать не видна под шелухой обыденности и земной жизни. Но это лишь оболочки. А сама душа под ними как была чиста и красива, так и осталась! Только не все это видят. Не все хотят видеть и ощущать. А ведь душа нежна как аромат цветка, светла как первый луч солнца, красива как гранёный алмаз и легка как весенний ветерок. Но под грузом наслоений она находится в заточении. И лишь редкие прозрения, такие как мелодия или запах из далёкого детства, могут вызвать у нас проблески воспоминаний, играющие на струнах нашей души. И уж тогда она встрепенётся, вспыхнет надеждой…

Только в нашей власти дать шанс внутреннему Я проявить себя, сбросить шелуху наслоений, обременяющих душу. Накапливаемое годами, наше эго не спешит сдавать позиций и глубоко ошибается тот, кто думает, что очистить душу, вернуть ей прежнюю красоту, легко и беспроблемно. Люди, ставшие на путь саморазвития, согласятся со мной, что этот процесс труден, но радостен.

Зачем это нужно?

Предвижу хор голосов, возражающих мне. Поэтому, уважая мнение каждого, я не буду спорить ни с кем. Ваша душа, как и ваша судьба – только в ваших руках! Вы имеете полное право верить или не верить в существование духовной составляющей человека. Как с этим поступать – тоже находится в ограничительных рамках возможностей каждой личности.

Только следует помнить, что прекрасная душа любит однозначно своего обладателя, верит и ждёт его прозрения! Ибо она сама выбрала его, пришла в этот мир, проходит вместе с ним все испытания и только по истечению земной жизни покинет его тело, чтобы вернуться в океан непознанного. А что с нею будет дальше, не ведомо никому. Но во многом зависит от пройденного земного пути. Красота души и тела очень связаны, улучшая состояние тела, мы помогаем душе.

Думаю, над этим стоит задуматься…

КРАСОТА ЖЕНЩИНЫ

Образ женской красоты широко описан в литературе и искусстве. И всё же, красоты никогда не бывает много. Тем более – женской. Образ женщины связан с образом девочки, девушки, матери. Это возрастные категории. Каждая из них отражает определённый этап жизни женщины, каждой женщины.

Малышка прекрасна уже потому, что она похожа на ангела. Не зря же ангелов часто изображают в образе девочек. Потому что они подкупают своей природной свежестью, красотой и искренностью. Да, ещё и нежностью. Как нежный прекрасный бутон – тугой и свежий.

Многое зависит от того, кто сорвёт этот бутон. Дадут ли возможность бутону раскрыться в своей полной красе. Или всё закончится более трагично... Ведь ни для кого не секрет, что очень часто судьба поступает с девочкой не очень трепетно, и из чистой красивой девчушки вырастает неуверенная в себе девушка. Или того хуже – обманутая, разочарованная и надломленная женщина...

Но сейчас мне совсем не хочется говорить о проблемах и жизненных трудностях. Не то настроение. На душе легко и приятно. На глаза попалась эта удивительная работа талантливого художника Игоря Казарина. Он не только мастерски передаёт образ женской красоты в своих работах, но ещё в его видеороликах можно в деталях увидеть сам процесс сотворения этой красоты. Образы получаются необыкновенно правдоподобны. И, самое главное, в каждой женщине мы видим его глазами её «изюминку», что так любят в нас мужчины. Не идеальную правильность или пропорциональность форм, а именно красоту души каждой, буквально каждой женщины.

Не знаю как вы, а я всегда восхищаюсь работами художников, фотографов, подмечающих ту самую «изюминку». И позволяющих всем нам лицезреть красоту женской души. Ведь посмотреть есть на что…

ЭТАПЫ ЛЮБВИ

Любовь – главное чувство в жизни, и человека, и животного, и растения, и даже камня, казалось бы бесчувственного. Почему я так решила? Да просто мне так подсказывает сердце. Да и информация отовсюду идёт именно такая. Любовь движет всей Жизнью, всей Вселенной. Конечно, Любовь, о которой я сейчас говорю, это не только между мужчиной и женщиной, к примеру. Это понятие гораздо шире и всеобъемлюще. Любовь – это желание жить, расти, развиваться. Любовь – это стремление что-то делать для себя и для других.

Любовь – это продолжение жизни, наконец. Если кто-то или что-то не воспринимается, то ни о каком продлении рода и речи не может быть. Будь то молекула, клеточка или целый организм.

Но это всё общие понятия, широкие. А мне хочется поговорить о любви человеческой, между людьми. Есть этапы любви, определённые стадии, плавно переходящие одна в другую. Чёткое разделение их невозможно, да и не нужно. Мы же не в школе. Важно понять, что существуют определённые законы, отступление от которых может привести не к тем результатам, о которых мечталось.

Встречаются два человека, мужчина и женщина. У каждого из них за плечами какой-то жизненный опыт, свои наработки, а также подсознательные программы. Почему-то на начальных этапах некоторые функции организма

отключаются и мы видим в другом человеке то, что хотим видеть, а не то, что есть на самом деле. Вероятно, в этом есть определённый смысл. Возможно для того же продолжения рода. Потому что все мы очень разные и очень часто не слишком терпимы к чертам характера других. Признаём только свои привычки, только свои взгляды считаем единственно верными. В таких обстоятельствах как бы мы мирились друг с другом? А так — встретились, полюбили, связали друг друга обязательствами, пока в глазах розовый туман.

Но как написано на кольце царя Соломона – всё проходит, и это пройдёт. Так и есть, проходит и плохое, и хорошее. Река жизни очень непостоянна и переменчива. И если не трудиться над отношениями каждый день, то влюблённость, которая горела в сердцах двух людей, постепенно сходит на нет. А на её место должно прийти что-то другое. Исходя из закона энергии в мире, на пустое место устремляется то, что в другом месте излишне. И если влюблённость постепенно растворилась, то на её место может прийти равнодушие, раздражение, нетерпимость. Если мы позволим это. Если же двое людей каждый день как по кирпичику строят свой совместный дом, постепенно появляется фундамент, потом стены, окна и двери. Всё это символически, но суть в том, чтобы не пускать в сердце равнодушие, раздражение и принципиальность.

Как-то я прочитала, что к истинной любви можно прийти только через ненависть. Меня очень удивили и поразили эти выводы. Неужели такое возможно?! От любви до ненависти один шаг – эту поговорку знают все. Но чтобы наоборот… не берусь судить.

Влюблённость немного отличается от истинной любви, о которой каждый из нас мечтает. Но она всегда является отправным пунктом для последней. Любовь приходит тогда, когда берегут все чувства, связанные с любимым человеком. Когда проговаривают изо дня в день свои проблемы, свои недовольства и ищут совместно пути для их решения. Когда не скупятся на тёплые слова и слова участия. Когда внимательны друг к другу и не стараются уйти, спрятаться в свой индивидуальный, замкнутый мир, а живут в соприкасающихся, взаимодействующих и конечно же в своих собственных мирах. Мир каждого человека – целая Вселенная. Две индивидуальные Вселенные не могут наложиться друг на друга в идентичную картинку или поглотить друг друга. Это противоречит законам Природы. Так и мы, люди, не можем слиться во что-то половинчатое, мы можем лишь дополнить друг друга, образуя целое из двух половинок.

Способны ли мы на это? Конечно, способны. Только любви, как и многому другому, надо учиться. Это сложно и продолжительно во времени. Гораздо легче свернуть с пути, отчаяться или остановиться. Лишь немногие способны пройти весь путь до конца, пройти все этапы любви, чтобы перед лицом вечности спокойно сказать – да, я любил (а)…

НЕСОСТОЯВШАЯСЯ ЛЮБОВЬ

 Хочу с вами поговорить о той любви, которая или умерла в самом своём зародыше, или на более зрелой стадии, но в любом случае, она не имела продолжения…

Несостоявшаяся любовь в нашей жизни… Почему?

Почему так происходит? Ведь мы могли бы быть счастливы вместе! А судьба так не считает, и спорить с нею бесполезно… Лабиринт жизни очень сложен. И то, что нам кажется сейчас несправедливым, в дальнейшем может оказаться благом.

Каждое событие в жизни, каждая встреча несёт нам что-то новое, уникальное. И, конечно же, не случайное. Подсознательно мы чего-то в конкретный момент ищем и ждём, и оно появляется, приходит.

Сами того не осознавая, мы ищем любовь. Выполняем какие-то действия, ходим на работу, ездим в транспорте или просто гуляем по улицам. А где-то на другой стороне нашей жизни другой человек точно так же живёт, работает, общается и ищет нас, возможно даже тоже не задумываясь над этим. Но где-то свыше предопределено, что нам необходимо встретиться. И судьба ведёт нас друг к другу, преодолевая препятствия, отрывая нас, как капризных малышей, от не тех встреч и не тех людей…

Если с такой позиции посмотреть на несостоявшуюся сегодня любовь, то станет легче… А мне все эти размышления навеяли эти замечательные строки талантливого человека и моего друга:

Восхождение

Тубо

Несостоявшейся любви,
В руке осколки, стиснув до крови…

Я восхожу к преодолению…
В безликой, серой пустоте
Неоперившейся мечте
Теперь уж не парить,
Не быть обласканной
Твоим прикосновением..
Я не молю о воскрешении,
Ни сомнений ада,
Ни чувств искрящихся,
Как брызги водопада.
Таинственному зову подчинившись
Презревший годы
И границ устав,
Пускаюсь в путь в бушующие воды…,
Испытанный свой парус подлатав,
Я восхожу, к преодолению..,
Иль к падению…
Всего себя тебе отдав.

Любовь прекрасна в любом проявлении. Это чувство определяет жизнь людей, что бы они ни говорили. Поэтому очень важно бережно хранить её, не смотря на расставание и тем более — в совместной жизни. Потому как потеряв, мы понимаем истинную ценность того, что имели.

ВЕРНОСТЬ И ИЗМЕНА

 Верность и измена в широком понятии — два противоположных явления в человеческом обществе. Верность созвучна благородству, искренности, мудрости. Измена всегда имела негативный оттенок, где бы она ни имела место быть – хоть в политике, хоть в межличностных отношениях.

Исторические корни измены

Во все времена и у всех народов неверность была чуть ли не обычным явлением. Этот факт присутствовал ещё у древних людей. Склонность к полигамии особенно характерна мужской половине человечества и объясняется учёными как подсознательный инстинкт с целью увеличения своего генофонда. Как и у самих мужчин, у их спермы, присутствует склонность бороться с конкурентами за самку (уж простите меня и женщины, и мужчины за такое определение). И берут они, сперматозоиды, количеством… Тогда как для прекрасных дам более привлекательно качество… Хотя, чего греха таить, «ходить на сторону» могут представители обоих полов.

Верность и измена – две стороны одной медали

Когда люди вступают в брак, они практически с чистым сердцем обещают друг другу любовь до конца жизни. Заподозрить их в неискренности трудно, они действительно в это верят. Взгляните только на счастливые лица молодожёнов! И это прекрасно, когда люди счастливы! Счастье, конечно, не может длиться вечно, именно в таком контексте, как во время влюблённости. Но оно может медленно перетекать в состояние дружбы, доверия, взаимопонимания и заботы. А это и есть, по большому счёту, любовь. Не адреналин в крови, и не безумство поступков, а спокойная уверенность в завтрашнем дне и в своём партнёре.

Достижимо ли такое состояние? Теоретически — да, но вот на практике — …
Печально. То ли генетика тут виновата, то ли сила измены в подсознании
велика, то ли человеческий эгоизм зашкаливает. Ведь над отношениями
работать надо! Учиться как, брать пример со счастливых пар, смирять свою
гордыню, порой. Но кто из нас хочет это делать? Гораздо удобнее обвинить во
всех бедах партнёра или партнёршу, а заодно и окружающих людей.
Срабатывает инстинкт самозащиты. Но так ли это на самом деле? Признаваясь
в том, что вы стали жертвой манипулятора, вы автоматически признаёте свою
духовную слабость.

Что такое верность? Википедия определяет верность как свойство характера
поведения по отношению к объекту, при котором субъект ставит интересы
объекта выше своих собственных. Примером верности своим хозяевам могут
стать животные. Что может быть здесь определяющим фактором?
Привязанность? Искренность? Чистота помыслов? Да, в этом отношении людям
стоит поучиться у братьев меньших!

Но мы сейчас говорим о верности людей друг другу. И здесь всё зависит от их
моральных устоев. Однако кто определяет эти устои? Общество. А оно состоит
из таких же людей, большая часть которых скорее всего уже утратила верность
в процессе жизни. Конечно, в тайне…

Свободные пары – как альтернатива измене

Существует компромиссное решение этого вопроса, которое не слишком
распространено, однако имеет место быть, и заслуживает внимания в объёме
данной статьи. Свободные пары позволяют сочетать в своих отношениях
верность и измену. Вероятно, если всё происходит с обоюдного согласия, это
допустимо.

Подводя итоги

Так может ли кто судить нас, хранить нам верность друг другу или считать нормальным явлением измену? Каждый человек для себя решает сам. Однако мало кто задумывается о том, что своей неверностью разрушает, прежде всего, СВОЙ внутренний мир. Удовлетворяя плотский инстинкт, он наносит рану СВОЕМУ духовному телу. Ведь в процессе общения, а тем более физического контакта, образуются невидимые энергетические связи, которые не всегда безобидны и не всегда легко рвутся. Поэтому после может наступить полное опустошение…

Но сколько людей, столько и мнений. Мир очень многообразен и привести всё человечество к единому знаменателю не представляется возможным ни мне, ни кому бы то ни было.

Поэтому — делайте свой выбор сами!

ЖЕНЩИНА. ЧЕТЫРЕ СТИХИИ, ЧЕТЫРЕ СОСТОЯНИЯ ЖЕНЩИНЫ

 Женщина — хозяйка, любовница, королева в конце концов… В каких только обликах не предстаёт она перед мужчиной, чтобы завладеть его сердцем…

Окружающий нас мир устроен очень мудро и рационально. Четыре поры года сменяют друг друга, гармонично и плавно переходя от весны к лету, от осени к зиме. Стихия воды укрощает огонь, ветер раздувает пламя, а земля даёт начало новой жизни.

Женщина, как дитя Природы, вобрала в себя те же признаки, только проявляются они в разное время по-разному. Да и не всегда она сама осознаёт свою силу или слабость, какими обладает. Суть её – во взаимоисключающем гармоничном сочетании всех четырёх стихий природы. Это не всегда понятно мужчине, да ему и не нужно копаться и разбираться во всём этом, он воспринимает женщину в целом. И если она легко и естественно может перевоплощаться из одной стихии или образа в другой, он может быть покорён ею навсегда.

Какие же это стихии? Их также четыре.

Женщина Королева

Её стихия – огонь. Эмоции, присущие этому состоянию, можно охарактеризовать как пламя, гордость, власть, поклонение. Такая дама завораживает мужчину своей неприступностью и желанием ей служить. Ему и в голову не приходит, что она берёт у него энергию, отдавая взамен лишь снисходительный взгляд с чувством собственного достоинства.

Женщина Любовница

Её стихия – вода. В этом состоянии женщина приобретает все качества податливой и своенравной, всепроникающей и так необходимой в период жажды для мужчины, воды. Она привлекательна и манит его своим образом, заставляя забыть обо всём на свете на определённый период времени. И если вовремя не перевоплощается в другой образ, то он быстро теряет к ней интерес.

Женщина Девочка или Муза

Лёгкая и невесомая, как весенний ветерок, девочка покоряет мир своей непосредственностью и естественностью. В этом её главная особенность. Смеётся и радуется, как дитя, подарку или проявлению заботы. А о ней именно хочется заботиться, защищать. Её капризы умиляют. В то же время она вдохновляет мужчину. Рядом с нею ему хочется быть сильнее, мужественнее, талантливее. Однако не стоит надолго оставаться в этой роли, ведь мужчине хочется и самому почувствовать заботу или просто поддержку близкого человека.

Женщина Хозяйка

Её стихия – земля. От неё зависит порядок, как в доме, так и в жизни. Именно в этом состоянии женщина окружает мужчину заботой, является для него и другом, и надёжным тылом. Она служит ему, отдаёт свою энергию. И эта энергия жизненно необходима мужчине. Вдохновляясь ею, он готов на новые подвиги.

Лучшие качества прекрасной половины общества проявляются именно в сочетании всех состояний и стихий. Женственность теряется, если преобладает какое-то одно состояние. Рождённая женщиной от природы имеет интуицию. Прислушиваясь к которой каждая из нас способна сочетать в себе черты и девочки, и королевы, любовницы и хозяйки. Главное – не играть с жеманной маской на лице, а быть естественной и неповторимой. Ведь что бы там ни говорили, а наше главное предназначение в жизни – это любовь. И любовь между мужчиной и женщиной – в том числе, если не главная.

Желаю вам, милые подруги, вдохновения и умения перевоплощений во всех гранях вашей сущности!

КАК ВОСПИТАТЬ В СЕБЕ НАСТОЯЩУЮ ЖЕНЩИНУ

 Развитие женственности у девочки начинается с раннего возраста. Когда она смотрит на маму и повторяет за нею движения, позы, фразы. Когда пытается перед зеркалом накрасить помадой губы или ножницами сформировать причёску. И даже когда просит: «Папочка, ну пожалуйста, купи мне мороженое..» Как тут отказать такому ангелу?! А ей того и надо! И дитя уже понимает, что быть ласковой выгодно...

Воспитание девочки

Но так ли часто всё гладко проходит в обычной жизни? Что если папа мало обращает внимания на малышку, а маме совсем не доставляет радости собирать разбросанные туфли или сломанную помаду?... И девочка остаётся наедине с собой (в лучшем случае) или наказание следует за наказанием. О каком развитии женственности и воспитании черт Настоящей Женщины может идти речь в данном случае? Увы, так бывает не так уж редко.

А кто из женщин среднего поколения не вспомнит о проверке макияжа или маникюра на школьных линейках? Выделяться из толпы и стараться быть красивой не приветствовалось. А вот получение хорошего образования, профессии, карьерный рост, умение всё делать самой – это да, то, что надо. Наши мамы так воспитывались, так же они воспитывали и нас. Возможно, им даже и в голову не приходило, что помимо накормить-напоить, научить быть хорошей хозяйкой, надо было учить нравиться мужчинам, уметь с ними легко и непринуждённо общаться, вести себя с достоинством, но в то же время быть ласковой с мужем, поддерживать его в любых начинаниях, вдохновлять, наконец. Откуда им было это знать, если, не успев поднять на ноги крошкумалышку, им надо было спешить на работу, успевать сразу в нескольких местах, стоять в длинных очередях за продуктами, одеждой, техникой и квартирами. Таково было время, и винить сейчас, кого бы то ни было, не имеет никакого смысла!

Развитие женственности — реально

Есть женщины, которым повезло родиться с природной непосредственностью и обаянием. Они наделены женственностью от природы и умеют ею пользоваться на уровне подсознания. Такие представительницы прекрасного пола выделяются из толпы, их просто невозможно не заметить. Их обожают мужчины и часто завидуют другие женщины. Думаю, не стоит этого делать!

Гораздо разумнее поучиться у них умению преподносить себя миру.

Вот мы и подошли к самому главному – что делать, если женщина не довольна собой, неуверенна в себе как в женщине. И первое, что нужно предпринять – осознать данный факт. Совершенно спокойно, без лишних эмоций, избегая самоуничижения и самоедства.

Затем следует принять решение. Или вы ничего не делаете, продолжаете жить в том же ключе, что и до этого, или не смиряетесь с подобным обстоятельством и решаете начать работу над собой, над своей самооценкой, внешностью, принимаете решение разбудить свою Внутреннюю Женщину. Следует понять, что практически любое качество человека подвластно изменению в ходе работы над собой.

Женственность – не что иное, как набор качеств Женщины (именно с большой буквы), которые вызывают восхищение и одобрение у мужчин и других Женщин.

Советы по воспитанию в себе, Любимой, качеств Настоящей Женщины

Итак, отбросим все сомнения и стыд, останемся наедине с собой и приступим к развитию женственности в себе. Вот некоторые советы, которыми вы можете воспользоваться в своём начинании. Помните, только вы как нельзя лучше знаете себя и своё тело, поэтому отберите самые подходящие способы, проявите фантазию – дополните, продолжите приведенные мысли:

- Слово «проблема» исключите из своего лексикона, замените на слово «задача».

- Ставьте себе ежедневно маленькие, но реальные, задачи. Например, получить комплимент от А.И.

- Работайте с оценкой текущих событий. Например, вечером перед сном просматривайте прошедший день и анализируйте проделанную работу.

- Установите себе правило: на каждое критическое замечание в свой адрес находить как минимум три достоинства. Не бойтесь иронизировать! Лёгкая ирония позволит вам с юмором и виртуозностью защититься от себя и окружающих.

- Утреннее самовнушение перед зеркалом – обязательное условие хорошего настроения! Помните – вы лучшая и вы умница!

- Лёжа в постели перед сном визуализируйте себя идеальной, такой, какой хотите видеть себя. Рисуйте в мыслях, представляйте в разных ситуациях свой совершенный, но достаточно реальный образ, вживайтесь в него.

- Немедленно и решительно займитесь физическими упражнениями! Пусть это будет 10 минут в постели или полчаса в спортзале, всё зависит от вашего желания изменить себя и приблизиться к идеалу.

- Отрабатывайте движения своего тела. Повторяйте себе – я гибкая и мягкая! Именно так! «Твёрдое» можно сломать, а «гибкое» гнётся, но не ломается. «Мягкое» смягчает любые удары судьбы. Как можно чаще вспоминайте об этом!

- Учитесь подавать себя «вкусно». Вкус и чувство меры, достоинства и недостатки – в этом сочетании весь изюм Настоящей Женщины!

Залог любого успеха заключается в настойчивости и регулярности. Невозможно чего-то достичь, вспоминая время от времени о поставленной задаче. Вживитесь в желаемый Образ, удерживайте его в мыслях общим фоном. Подсознание привыкнет к новому состоянию, а тело вспомнит естественность расслабленности, свойственное ему с детства, когда счастливый ангелочек обнимал за шею самого близкого ему человека..

ЧТО ГЛАВНЕЕ ДЛЯ ЖЕНЩИНЫ –

САМЫЕ ВАЖНЫЕ СЛОВА ИЛИ ПОСТУПКИ

 Трогательные слова о любви желает услышать каждая, без исключения, женщина. Так уж мы устроены – стоит только в нашем сердце поселиться любви, нам становится просто необходимо услышать эти три слова от мужчины. И в принципе это логично. Однако чисто с женской точки зрения. Но ведь мужчины, как правило, немногословны. И тем более вытянуть из них слова признания и любви не так уж просто. Да и нужно ли? Что же, давайте по рассуждаем.

Ох уж эти мужчина и женщина…

Мужчина устроен Матушкой-Природой так, что ему очень важно завоевать понравившуюся женщину. Для этого он приложит максимум усилий, пока женщина не обратит на него свой взор… И вот свершилось, «крепость взята», предмет его вожделения наконец с ним рядом. Но тут внимание, как раз здесь начинается самое важное для женщины – показать мужчине, что она – его награда, судьба, половинка. Как это сделать, спросите вы?

Это тема отдельной статьи, о которой мы поговорим в другой раз. А сейчас давайте вспомним, что настоящая Женщина может принимать различные образы-воплощения: девочка, любовница, королева, хозяйка. Какие-то образы ей удаются лучше, какие-то хуже, это не совсем важно. В соответствии с конкретной ситуацией постарайтесь максимально показать мужчине те или иные грани своего характера. Непременное при этом условие – искренность. Именно искренность вызывает в мужчине нежные чувства. И вот тогда он может сказать вам трогательные слова о любви.

А если нет?

Тогда ни в коем случае не спрашивайте его об этом, не задавайте вопрос: «Ты меня любишь?» Он может и ответит, но только, чтобы вы отстали от него. Повторение же вообще начнёт его раздражать. Зачем вам это? Многим мужчинам вообще трудно переступить порог признания. Что-то в этих очень важных словах есть магическое, возвышенное. Это, извините, не обычный разговор о погоде. Поэтому лучше переключитесь на наблюдение за его поведением, за его поступками. Ведь давно известно, что дела важнее слов. Если мужчина беспокоится, вовремя ли вы легли спать, встречает вас с работы, помогает убрать со стола или ещё что-то, можете не сомневаться, вы дороги ему. Поступки важнее слов.

Просто любите своего мужчину…

Смотрите на своего мужчину проще, без притязаний. Воспринимайте его комплименты как слова любви. Ведь если он заметил, как вы прекрасны в новом платье, значит не такой уж он «чурбан». Обязательно посмотрите на него благодарным взглядом, поцелуйте и улыбнитесь. Поверьте, такая благодарность важнее всех слов…

И, конечно же, любите своего мужчину! Не позволяйте себе раздражаться по любому пустяку, упрекать его в чём бы там ни было. Любовь без условий, без претензий вызывает аналогичное ответное чувство. И когда вы перестанете ждать, может случится чудо – вы услышите желанное «Я тебя люблю!»

Пусть всё произойдёт само собой, в своё время. Ускорять события не стоит.

Поступки важнее слов

Но что делать, если вы слышите много слов о любви, обещания, но за этими обещаниями ничего не следует? В народе говорят – обещать, не значит жениться. Увы, такое случается довольно часто, мужчина говорит слова любви женщине, она ему верит и в итоге получает разочарование. Есть такая категория мужчин. Но не стоит убиваться по этому поводу! Прежде всего, не вините во всем себя и не считайте себя не достаточно красивой, умной, заботливой. Вы уникальны, помните об этом! И где-то в мире живёт тот человек, который обязательно встретится вам на пути и вы от него однажды услышите такие желанные слова... Надо только в это поверить!

ЧТО ПРИВЛЕКАЕТ МУЖЧИН В ЖЕНЩИНАХ

Меня заинтересовал вопрос, какие женщины нравятся мужчинам? Этим озадачена не одна женщина, уж точно…

Где-то прочитала:«И создал Бог женщину…» Как известно, это было завершающим этапом «трудов» Всевышнего…. Потому как одному мужчине во всём многообразии природы было бы как то одиноко. И они, мужчины, это прекрасно понимают. Поэтому на протяжении тысячелетий и веков не перестают восхищаться, восхвалять и нуждаться в женщине, каждый в своей, единственной для него и неповторимой.
И с этим просто невозможно не согласиться. Вкусы у мужчин разнообразны, единых стандартов нет и не может быть. Кому-то из них нравятся стройные худышки, кому-то – соблазнительные пышечки. Но это если брать лишь внешние данные. Гораздо важнее её внутренний мир. Заглянуть туда и понять, что там к чему и почему, не так уж просто для мужчины, вот почему они немного нас боятся.

Так какие же женщины нравятся мужчинам?

Многое тут зависит от намерений мужчины. Если он желает всего лишь развлечься, то предпочтение отдаст более ярким внешним данным и доступности женщины. Это уже общеизвестный факт. Но чтобы покорить мужчину, завоевать его сердце и построить с ним долговременные отношения, нужно другое.

Настоящим мужчинам нравятся как раз самостоятельные представительницы прекрасного пола. Обратите внимание, самостоятельность – это взятие ответственности за свою жизнь на себя. Она граничит с независимостью. Сомневаюсь, что серьёзного парня устроит плаксивая и капризная девица, которой нужна нянька и марионетка. Удовлетворять прихоти дамы сердца приятно лишь в самом начале отношений, и в скором времени надоедает хоть кому из мужчин.

Как и везде, здесь также важна оптимальность качества и излишне сильные волевые особы также отталкивают мужчин. Ведь как ни крути, а защищать и оберегать семью – именно их прерогатива. Разве что в экстремальных ситуациях, как то война или гибель главы семейства, от женщины требуется не меньшая выдержка и сила воли. Именно поэтому очень важно, чтобы внутренняя сила и внешняя слабость сочетались в ней гармонично и естественно.

Стоит учитывать, что умные женщины привлекательнее для сильного пола, чем глупышки. Двоим всегда интереснее вместе, когда им есть, о чём поговорить. Если же в паре нет общих интересов, совместные беседы сходят на нет, и взаимное притяжение угасает и исчезает.

Что мужчина ещё ждёт от женщины?

Прежде всего понимания. Для него очень важно вернуться домой, где его не будут допытывать, что к чему, а просто встретят с улыбкой и теплотой. Надёжный «тыл» в лице любимой женщины – мечта каждого из них.

Поддержки. Ни для кого не секрет, что за спиной у успешного мужчины часто находится мудрая женщина, которая его создаёт, даря ему вдохновение и энергию.

Восхищения. Как это ни кажется странным, но не смотря на свою внешнюю силу, мужчины очень болезненно реагируют на оценку своих достоинств. И женщину, которая искренне восхищается и его внешними данными, и чертами характера, пусть даже не всеми, мужчина не променяет ни на какую другую.

Уважения. Причём уважения взаимного. Ибо, не уважая свою спутницу, он никогда не заслужит её ответного чувства.

Привлекательности. Как ни крути, а женщина для мужчины – предмет гордости. Смотреть и любоваться, гордиться ею перед другими – немаловажный факт для него. И если этого не наблюдается, он находит другой объект для любования.

Раскрепощённости в постели. Сексуальность в женщине притягивает, завораживает и манит мужчину. Однако взаимопонимание в интимной жизни не менее важно, чем в других сферах общения. Ибо разница в темпераментах может стать камнем преткновения в паре, если двое не смогут открыто и свободно говорить о своих желаниях и ощущениях.

Верности. Быть единственным для своей избранницы – одно из самых главных условий счастья для мужчины.

Коммуникабельности, лёгкости в общении не только с ним самим, но и с его друзьями, родителями. Это исключает для него выбор между близкими людьми.

Считается, что первая женщина в жизни мальчика — его мама, также как и для девочки первый мужчина – отец. Вырастая, они подсознательно сравнивают своих спутников с родителями. Именно поэтому очень важно заложить в детях правильное отношение к противоположному полу. И основа всему – любовь.

ЗАЧЕМ ЧЕЛОВЕКУ НУЖНА СЕМЬЯ

 День семьи, который празднуется во всём мире 15 мая, навёл меня на одну мысль – зачем человеку нужна семья, зачем создавать семью? А действительно, зачем?

В последнее время стало модно мужчине и женщине не скреплять свои отношения узами брака, а жить свободно, без обязательств и, соответственно, прав. Совместное проживание, совместный быт и ведение хозяйства, даже совместные дети. Но всё это без штампа в паспорте, не говоря уже об обязательствах перед Богом. Часто я слышу мнение, что никакие атрибуты брака не дают гарантии прочности отношений, любви и уважения. Конечно, так и есть. Но ведь почему-то ещё древние люди придумали обряд бракосочетания. У разных народов они разные, но суть одна – дать мужчине и женщине в их союзе определённые гарантии, обязанности и права. Безответственность, безнаказанность не способствуют искренности отношений. Однако наложенные обязательства дают хоть какую-то уверенность супругам и их детям.

Принятие ответственности за свою жизнь на себя – важнейший шаг в самопознании, в целом в психологии. И человек, сделавший этот шаг, не побоится взять ответственность и за семью. Он сделает это осознанно. Не из страха потерять любимого человека, потому что удержать насильно никого невозможно. Не из страха оставить ребёнка без отца, потому что настоящий отец никогда не бросит собственное дитя, продолжение себя самого. Не из какого-либо другого страха или другой причины. А просто потому, что семья скрепляет и объединяет людей на энергетическом, общественном, бытовом и физическом уровнях. Созданная однажды связь уже не исчезнет никогда. Даже в случае развода она остаётся. И это нормально. Ненормально отрицать это.

Так какой же ответ на вопрос в начале статьи? Нужна ли человеку семья? Мой ответ – не просто нужна, необходима. Только такая, где каждый член, начиная с главы семейства и заканчивая малышом, уважаем как личность. К сожалению, такое явление встречается всё реже в нашем обществе. И это огорчает. Пока люди не научатся понимать, что они творят, общество будет разрушаться и далее. И остановить процесс трудно и легко одновременно. Не надо сражаться с ветряными мельницами как Дон Кихот. Поле деятельности у каждого из нас – в нашей семье. Уважая и почитая каждого её члена, мы внесём свою посильную лепту в общее дело.

Как всегда, у каждого свой выбор – создавать полноценную семью или нет. Только делайте этот выбор осознанно. Ибо сделки с совестью чреваты...

ЧЕГО БОЯТСЯ МУЖЧИНЫ ВО ВТОРОМ БРАКЕ

 Интересно, чего боятся мужчины? Вообще и в отношениях с женщиной? Когда я была маленькой и подростком, думала, что мальчики особенные. Что им не страшны не только драки, но и к понравившейся девочке первому подойти – пустяк! Да-да, именно так я и думала – только мальчишки имеют право предлагать дружбу. А удел девочки – ждать…

Опыт жизни меняет наши взгляды на неё с течением времени.

Время шло, я приобретала жизненный опыт, и постепенно мой взгляд на психологию мужчин менялся. Оказывается, мужчины – такие же люди, как и мы, женщины. И им тоже присущи слабости. Но вот как раз указывать им на эти слабости лучше не стоит. Ибо этого они ужасно не любят, и боятся женщин (или просто избегают), которые делают это.

Каждый мужчина мечтает видеть рядом с собой понимающую женщину, с которой он будет чувствовать себя сильным и смелым.

К сожалению, наши юношеские мечты не всегда совпадают с реальностью жизни. И слишком уж участились разводы, влекущие за собой армию неудовлетворённых и разочарованных бывших супругов. Период после разрыва отношений нужно пережить, не торопя события. Причём, это касается как женщин, так и мужчин. Если сломя голову окунуться в новые отношения, не переосмыслив свои ошибки, исход второго брака может оказаться не таким радужным, как казалось в нездоровой эйфории сразу после развода.

Однако такие случаи встречаются не так часто. Чаще мужчины с осторожностью подходят к повторной попытке. И вызывает эту осторожность именно страх, отложившийся в подсознании. Находясь там, он может отравлять жизнь как самому представителю сильного пола, так и разочаровывать женщину в ожидании предложения руки и сердца.

Так чего же боятся мужчины?

А боятся они сравнения с бывшими, и просто с другими мужчинами. Вообще сравнения. Самолюбие мужчин очень ранимо, и помнить об этом надо всегда. Мудрая женщина с пониманием относится к этой особенности мужчины, так как осознаёт свою ответственность за отношения.

Именно поэтому не стоит оказывать давления на мужчин. Потому что каждый из них боится посягательств на его свободу. Это вовсе не означает, что семейная жизнь вызывает у них отвращение. Вовсе нет, им тоже нравится приходить в уютный дом, где им рады, заботиться и принимать заботу. Но созреть и принять решение всё же должен он сам. Можно под чутким руководством)) главное, чтобы не догадался. К тому же, женщина обычно тоже более тщательно присматривается к достоинствам и недостаткам нового кандидата в мужья, согласно приобретённому жизненному опыту.

Чего ещё боятся мужчины, чтобы не упасть в глазах любимой женщины? Ведь с самого детства мальчики потому и дерутся, что они бойцы по жизни. Для них очень важно не показаться в чём-то некомпетентными, или не состоятельными в постели. Страх не обеспечить или не защитить семью тоже порой присутствует.

Конечно, совсем не обязательно, чтобы все эти страхи присутствовали в вашем любимом. И спрятаны они от всех глубоко, в душе мужчины, где по-прежнему живёт маленький мальчик…

Отношения между детьми и приёмными родителями

И ещё одна очень важная проблема может возникнуть во втором браке, это дети. Чаще так случается, что у женщины уже есть дети от первого брака, маленькие или уже подростки. Даже взрослые порой не всегда с пониманием относятся к появлению в семье нового члена. Объяснить это обстоятельство можно детским эгоизмом или ревностью. Но только при поверхностном взгляде на суть вещей. Истинные причины конфликтных ситуаций между детьми от первого брака и отчимом могут лежать гораздо глубже, в подсознании. И здесь уже часто нужна помощь специалиста, если новая семья не может справиться сама. Ибо в образовавшемся треугольнике (или многоугольнике, если детей несколько) каждый должен осознать свою роль. Связи, однажды образовавшиеся между людьми, не исчезают, меняется лишь отношение людей к прошлому. Если женщина отпустит бывшего мужа и примет в свою жизнь нового мужчину; если сумеет объяснить ребёнку или детям, что она и папа навсегда останутся любящими их родителями; если отчим почувствует в душе теплоту по отношению не только к новой жене, но и к её детям, без притязаний и упрёков, новая семья имеет шанс стать самой крепкой в понимании этих нескольких людей.

Главное во всех отношениях, и здесь в том числе, искренность и доброжелательность.

Чем второй брак отличается от первого?

Молодость тем хороша, что мы порой не задумываемся, принимая решения. Молодые люди, окрылённые чувствами, создают семьи, не всегда осознавая, что их ждёт впереди. А жизнь преподносит уроки, с которыми не все могут справиться.

Пережитые неудачные отношения всегда оставляют в душе каждого рану, которая сначала болит, потом боль притупляется и появляется надежда на новое счастье. Но часто груз неудач накладывает отпечаток на мировоззрение человека. И он переносит этот стереотип на всех людей. В итоге мужчина видит во всех женщинах стерв, которые способны пилить сутками, и которым нужны только деньги и материальные блага. Он не доверяет и боится женщин. Но эти страхи совсем безосновательны. Ведь мир не изменился после вашего развода, изменилось лишь ваше отношение к нему. Доверьтесь своему сердцу, оно наверняка знает дорогу к тому месту, где вы встретите свою новую любимую. С которой готовы будете пройти оставшийся жизненный путь.

Какие бы страхи не присутствовали в вашей жизни, с ними не надо бороться, их надо принимать. И тогда они отступают, а жизнь приобретает новые краски. А всё, что делает мужчина, он делает ради женщины.

КАКОЙ МУЖЧИНА НУЖЕН ЖЕНЩИНЕ

Давайте разберёмся, какой мужчина нужен женщине, что она от него ждёт? Ни для кого не секрет, что мужчина и женщина немного похожи физиологически, но очень отличаются мышлением, логикой, способностями. Не зря же существует женская и мужская солидарность. Поэтому женщины понимают и поддерживают друг друга. То же и у мужчин. Именно поэтому часто мы не совсем верно думаем друг о друге. И порой очень ошибаемся в ожиданиях противоположного пола.

Одинокий мужчина не всегда счастлив свободой, и на уме у него не только «одно»..

А женщину интересует в партнёре не только размер кошелька, но и другие его качества. Какие же?

Какой мужчина нужен женщине?

Надёжный

В наш эмансипированный век женщина сама способна себя обеспечить материально. Карьера в её жизни занимает всё большее место. Вместе с карьерой она приобретает сильные черты характера. Однако с природой не поспоришь и интуитивно женщина ищет защиты, опоры. Именно надёжность привлекает её в мужчине. Его уверенность в своих силах, умение решать её проблемы. А уж она постарается обеспечить ему тыл.

Состоявшийся

Конечно, материальная сторона тоже играет свою роль. О «скалы» нужды и быта разбилась не одна любовь. Как говорится, с милым рай не только в шалаше.. И альфонса содержать не согласится уважающая себя дама. Но временные трудности вместе решать гораздо проще.

Нежный

Ещё одно заблуждение мужчин, что женщине очень важна сексуальная сторона совместной жизни. Почему то они обеспокоены размерами, возможностями. А страх неудачи вообще парализует их потенциал. Не спорю, интимная жизнь играет важную роль в паре, но никак не основную. И женщине не так важен размер, как умение мужчины чувствовать её, его способность быть терпеливым и нежным.

Мужчина-отец

Женщина ищет мужчину-отца своих детей. Если брак не первый и дети уже есть, приятие между ними и мужчиной – очень важный момент. Присматриваясь к кавалеру при знакомстве, она оценивает его коммуникабельность, и с детьми в частности. Любящая мать не потерпит недостойного отношения к своему ребёнку.

Честный

Если дама уличит партнёра во лжи, она вряд ли будет ему доверять в дальнейшем. Это касается всего – от мелкого обмана до измены. Конечно, простить можно всё, но повторно получить доверие трудно.

Лёгкий в общении, понимающий

Случается так, что встретились двое, провели вместе полдня и им уже кажется, что знакомы они целую вечность. Потому что им хорошо вместе, легко общаться, нет натянутости. Женщина ищет мужчину, чтобы с ним можно было поделиться и своими бедами, и радостью. А иногда и помолчать вместе приятно.

Воспитанный

Каждой женщине хочется, чтобы её партнёр оказывал ей знаки внимания – подавал руку, открывал дверь, помогал одеть пальто. Не менее важны слова благодарности в ответ на заботу. Как ни крути, а основную нагрузку по налаживанию семейного быта несёт женщина, и благодарный взгляд, нежный поцелуй или сувенир, наряду со словами, согреют душу и укрепят союз.

Любящий

Ну и конечно всем нам хочется быть любимыми. Любовь сводит нас на жизненном пути. Без любви жизнь становится серой. Причём именно любовь обоюдная приносит счастье. На любви основывается семья.

А ещё каждой из нас нужен СВОЙ мужчина, который всегда будет рядом.

О КОМ МЕЧТАЮТ МУЖЧИНЫ

Женщина-мечта есть, наверно, у каждого мужчины. Это образ идеала, который просто не может существовать в природе. Но как жить без мечты? Без неё жизнь становится серой и обыденной. Не потому ли вокруг мы видим столько серых красок?!

Люди разучились мечтать? Или мечтают о домах-коттеджах, машинах-иномарках и других материальных благах? И то, и другое – крайности, о которых сейчас мне не хочется говорить.

Женщина мечта в творениях мужчин

За время существования человечества сколько было создано произведений искусства, где образ прекрасной Женщины вдохновлял художников, скульпторов, поэтов! Эти образы они брали из жизни, их вдохновляли обычные женщины, которых они любили. А затем наделяли особыми качествами, добавляли свою фантазию. В итоге уже не одно столетие нас волнует загадка улыбки Джаконды, куда исчезли руки Венеры Милосской, поражает грандиозностью Родина-Мать и Статуя Свободы.

Любовь – вот что вдохновляет людей. Она движет нами в поисках заветной цели. Однако порой нам кажется, что вот оно счастье обладания мечтой, но в следующий миг понимаешь, что это всего лишь мираж…

УЗНАЮ ЕЁ…. ОБРАЗ

Тубо

Откуда ты?
Из памяти веков?
Из материнской нежности и ласки?
Из лёгких и прозрачных облаков,
Или из вод глубоких океанских?

Загадочно вибрируешь во мне,
То появляешься, то убегаешь...
То наяву, то в грёзах, то во сне,
То брезжишь как рассвет,
То... исчезаешь.....

Изгибы тела, этот стройный стан,
Черты лица таинственно неясны..
Я точно знаю — это не обман,
Ты здесь, ты рядом,
Ты — прекрасна!

То соткано из солнечных лучей
Воздушных линий это совершенство,
А то из мягкой тьмы ночных теней
Манишь и обещаешь мне блаженство..

Вот миг — знакомые черты
Мгновенно узнаю в прохожей,
Я узнаю!!! Постой! Ведь это Ты?
Но нет! Вы лишь слегка похожи...

Так и идём по жизни Ты и Я...
Ты — вожделенный образ и желанный.
Кто Ты? — Я — ожидание твоё...
Зачем? Я — обещанье счастья!!!

В этих строчках запечатлена целая жизнь… Струны души, как арфа, поют, когда их касается перо поэта. Передать свои чувства так тонко под силу только настоящему Мужчине. Вот только можно всю жизнь ждать и искать, но так и не найти Её, свою мечту…

Или упустить…

ВСЁ ДАЛЬШЕ И ДАЛЬШЕ ПОД ПЕСНЮ КОЛЁС...

Тубо

Всё дальше и дальше под песню колёс,
Уводит состав далеко тепловоз,
Ты смотришь задумчивым взглядом в окно –
Мелькают огни полустанков, вокзалов...
Их жизнь – суета и тебе всё равно,
Что кто-то спешит или дремлет устало...

И мысли в сплетении тесном кружат,
Одна за другой из клубка выпадая,
Как будто их тянет твой ум наугад,
В раздумий былых лотерею играя....

И вскинется всё перед взором опять,
В дрожащем вагонном стекле преломляясь,
Улыбки друзей, её ласковый взгляд,
Всё то, что оценишь лишь только прощаясь...

Куда? И зачем? От любви не уйти!!!
В такт сердцу настойчиво вторят колёса..
Ещё не остыл поцелуй! Подожди!
Вернись, осуши её горькие слёзы.

Но тщетно...Теперь здесь вдали,
Среди снеговых, обездоленных сопок,
Не зная покоя, прозрев от любви,
Ты слушаешь сердца разорванный рокот..

Пытайся, борись, от любви не уйти!
Пытайся, борись, все презрев расстояния.
Скажи ей любя: Родная!!! Прости!!!!!!!!!
Не будет напрасным твоё покаяние....

Что можно ещё добавить? Только это:

Мечтайте! Ищите! Находите! Любите! И берегите свою Любовь, свою Женщину мечту, свою единственную!…

 Скромность украшает любого человека – так считалось испокон веков. Само понятие скромности предполагает целый набор качеств личности. Это и изысканный вкус, и непритязательность, и искреннее желание делать добро без ожидания благодарности. Хотя мнения людей довольно разные по этому вопросу.

Скромность или застенчивость?

«Дураки не бывают застенчивы, хотя застенчивость принимает все виды глупости» Жан-Жак Руссо

Многие качества, присущие ему, человек приобретает в младенческом возрасте и даже до рождения. Последние исследования говорят о том, что в утробе матери ребёнок слышит не только разговоры будущих родителей, но даже улавливает мысли самого близкого ему человека. Если он чувствует свою желанность, то впоследствии вырастет уверенным в себе. Если же мама во время беременности не полюбит малыша, то он может стать неуверенным, с чувством вины, застенчивым.

Скромность и застенчивость – не одно и то же.

Застенчивость как раз и есть проявление неуверенности в себе, подсознательный страх не понравиться. Она мешает сначала ребёнку, потом, если ему не помочь, взрослому человеку ставить и добиваться целей. О том, как преодолеть в себе неуверенность, можно прочитать здесь.

Скромность же – это как раз проявление воспитанности уверенного в себе человека. Он прекрасно осведомлён о своих достоинствах, но не кичится ими и не выставляет напоказ. Именно поэтому мы говорим, что скромность украшает, как женщину или девушку, так и мужчину.

Скромность украшает или тяготит?

«Когда есть, чем гордиться, можно позволить себе быть скромным. Когда нечем, быть скромным предпочтительно» Эдуард Александрович Севрус (Ворохов)

Уникальность каждого человека не стоит доказывать, это очевидно. Из этого следует, что и черты характера, и взгляды на жизнь, и весь набор привычек и качеств любого из нас ни в коем образе не встречаются у другого. Да, мы во многом похожи, и всё же различаемся как снежинки или рисунок отпечатка пальца. Что для одного благо, для другого «смерть».

Исходя из этой позиции трудно дать однозначный ответ – каким лучше быть, скромным или не очень. И всё же, давайте разберёмся.

Наверно каждый из вас вспомнит случай из своей жизни (и не один), когда наглость другого унижала ваше достоинство, или наносила обиду, а то и вызывала взрыв возмущения в ответ. Одним словом, вызывала в вас негативные эмоции. То же вы могли испытывать, глядя на развязное поведение подростков и не только.

А теперь вспомните скромность девушки, опускающей в смущении глаза, встретившись с вашим взглядом. Или мужчину, уступающего вам дорогу, подающего руку. Это из другой «оперы», можете сказать вы. Да нет, скромность, воспитанность, уважение – синонимы.

«За скромностью предполагают силу» Роберт Вальзер

Можно быть скромным, но упорно идти к своей цели. И именно такие люди добиваются своего. А на вершине успеха не изменяют своим принципам. Слава и богатство «портит» лишь тех, у кого и в помине не было этих качеств.

Скромность в понятиях религии

Любая религия призывает человека быть покорным и непритязательным, довольствоваться тем, что посылает Бог (не важно, в обличии Иисуса, Аллаха или Будды). Стремление к материальным и плотским удовольствиям никогда не приветствовались церковью. Наоборот, считается, что воздержание от них очищает душу и тело человека, приближает его к духовному благу.

Гордыня противоположна скромности и считается грехом, т.к. она мешает проявлению в человеке сострадания, всепрощения, смирения. Даже Иисус Христос снисходил до того, что мыл ноги своим ученикам. В этом действии сокрыта важность, которая на первый взгляд не видна. Здесь присутствует не только смысл отрицания превосходства одного человека над другим, но и таинство очищения той части души, которая в данный момент наиболее «грязна», как ноги перед трапезой.

Проявления скромности

Итак, скромный человек уважает окружающих его людей, их труд, ведёт себя воспитанно, не выставляет напоказ свои достоинства и заслуги. Во всём знает пределы. Умеет себя преподнести, оставаясь в тени, и в то же время, с достоинством.

ГЛАЗА – ЗЕРКАЛО ДУШИ

 Глаза – зеркало души. Скажите, кто не слышал этого выражения? Наверно таких найдётся мало. Но все ли задумываются над смыслом этих слов? Давайте поразмышляем вместе.

Почему-то именно глаза связывают с душой. Скорее всего, потому, что они никогда не лгут. Обмануть можно мимикой, словами, но только не взглядом. Точно так же в человеке может быть куча наслоений в виде масок и недостатков, страхов и негатива, но под всем этим грузом неизменно живёт чистая душа. Именно она отзывается на знакомые с детства звуки или запахи, вырывая из памяти кусочки приятных воспоминаний и возвращая нас в счастливые моменты жизни.

Глаза отражают состояние человека

Глаза – это один из самых основных органов чувств. Глазами мы видим мир. Внутренним взором мы его чувствуем. Эти навыки настолько привычны, что придавать им значение мы начинаем лишь, теряя данные способности. Человек не совершенен и часто небрежное отношение к своему телу приводит к страданиям души.

Так произошли выражения: «искры из глаз» и «испепеляющий взгляд». Это настолько красноречиво, что и слов дополнительных не требует. Достаточно многозначительно посмотреть на человека, и он всё поймёт.

Но не только недовольство или гнев можно передать взглядом, всем известны и другие выражения, такие как «лучистый взгляд» и«улыбаться глазами». Такого человека невозможно не заметить в толпе. Он располагает к себе, вызывает доверие. Потому как обладатель«искристых глаз» неизменно счастлив и добр. Предвижу недоверие к моим последним словам, т.к. такие люди встречаются редко. А вспомните влюблённых! Кто, как не они, яркий пример «счастливых глаз». И пусть порой они прикрыты розовыми очками, факт остаётся фактом.

В этом свете нельзя не вспомнить «грусть в глазах», как отражение грусти в душе. Внешнее отражает внутреннее. И никакая натянутая улыбка и мнимое веселье не сможет скрыть этот факт. Прежде всего, следует отогреть и развеселить душу, и тогда ваш взгляд сам об этом расскажет.

Хочу спросить, кто встречался со «стеклянным взглядом»? Наверняка тот не сможет забыть его никогда. Человек-зомби, сознание которого отключено, страшен. Своей непредсказуемостью и бесчувственностью. Ведь душа его закрыта и висит амбарный замок. Но при желании, стоит поискать ключик … и можно увидеть за тяжёлой дверью неизменно чистую душу…

В состоянии изменённого сознания, наши глаза словно покрываются пеленой, и «затуманенный взгляд» теряет свою зоркость, проникновенность и чувствительность. Появляется желание скрыться и от этих глаз.

Тем, кто увлекается конным спортом, знакомы «шоры» на глазах лошадей. Их одевают, чтобы скакун не отвлекался на постороннее движение и был увлечён лишь гонкой. Так ли далеко это от людей? Порой, чтобы отвлечь народ от экономических или финансовых проблем, нам «одевают» такие же «шоры на глаза» в виде различных скандальных или шокирующих историй.

Глаза – зеркало души

Глаза ребёнка подкупают своей чистотой самое чёрствое сердце, и знаете почему? Да именно потому, что душа ребёнка обычно светлая. И это нормально, ненормально наоборот. Всмотритесь в эту голубизну. Что вы там видите? Непосредственность, любопытство, наивность, доверие. Это и есть – смотреть на мир широко открытыми глазами…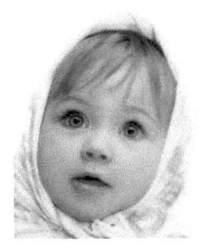

Женская красота – предмет, который будоражит мужские умы многие века. И это неспроста. Красота женских глаз завораживает и увлекает в мир грёз и фантазий. Потому что женская душа более тонкая и чувствительная, чем мужская. Вся её глубина и отражается в глазах любимой. Ни одному мужчине не под силу понять до конца ни женскую логику, ни ход её мыслей. Да и не надо. Загадка как раз и кроется в этой недопонятости. Это вовсе не глупости, как любят считать некоторые представители сильного пола. А всего лишь – иное мышление. Тот счастливчик, кто заглянет в глаза любимой, увидит и по достоинству оценит её душу, не пожалеет об этом.

Люди, будьте внимательнее друг к другу, чаще смотрите друг другу в глаза! Это увлекательно и полезно. Ведь глаза — зеркало души. Учитесь улыбаться глазами вместо «метания молний». Помните, все изменения начинаются с нас самих. Чем больше доброты вы вырастите в своей душе, тем больше света прольют ваши глаза, тем добрее станет окружающий мир. Всё взаимосвязано.

ДУАЛЬНОСТЬ МИРА, В КОТОРОМ МЫ ЖИВЁМ

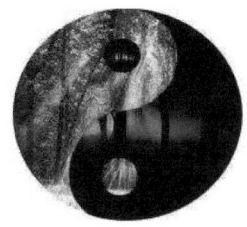

Дуальность – это проявление двойственности в мире. Вся наша реальность соткана из противоречий. Вспомните известное выражение о стакане полу-пустом/полу-полном. Оно, как нельзя лучше характеризует дуальность взглядов людей на окружающий мир. Даже в самом человеке скрыты противоречия, порой разрывающие его не только пополам, но и на части…

Дуальность миро восприятия в каждом из нас

Как часто бывает – мы стоим перед выбором. Причём, выбор приходится делать чуть ли не ежеминутно. Но незначительные события, действия, решения мы проделываем автоматически, даже не замечая этого, не заостряя на этом внимания. Так происходит потому, что мелкие противоречия не терзают нас. Что съесть, яблоко или грушу, присесть или полежать во время отдыха?… и т.д. Немного сложнее становится, когда дело доходит до более серьёзных вещей – куда поехать в отпуск, с кем завести дружбу, какой дорогой добираться до работы. Но и с этим выбором мы справляемся довольно легко.

К выбору профессии, второй половинки или судьбы мы относимся куда более осторожно и ответственно. И вот тут очень часто нас поджидают разного рода казусы. Если поддавшись влиянию близких людей или общества, мы с течением времени понимаем о совершённой ошибке, мозг начинает сверлить сожаление, обида … то есть червоточина, отравляющая полноценную жизнь. Но если смысл в таком раскладе? Может проще или принять всё как есть, выделив положительные стороны сложившихся обстоятельств, или изменить принятое в прошлом решение на новое. Оба варианта ведут к выходу из противоречия.

Чем больше человек чего-то хочет, тем дальше оно от него «убегает». И он даже не догадывается, что своим «хотением» порождает в себе полюсность желаний, или другими словами – дуальность. Все дуальности (противоположности) создаются только в уме человека. Дождь, к примеру, не может быть плохим или хорошим событием, он просто есть и всё. Или змея – может укусить человека, или съесть грызуна. Так «плохая» она или «хорошая»? И так во всём. Оценивая какое-то явление или предмет, мы примеряем его по отношению к нам самим. И если я боюсь пауков, это обстоятельство не делает их врагами природы.

Разделение людей на оптимистов и пессимистов

«Пессимист видит трудности при каждой возможности; оптимист в каждой трудности видит возможности»

Во все времена среди людей находились такие, кто не боялся бросить вызов судьбе, тогда как большинство превращалось в серую массу, с осторожностью и опаской взирая на первых. Это разделение видно и сейчас. Одни бесконечно пророчат нам конец света, ссылаясь на разложение общества и глобальные катастрофы. Другие спокойно вещают о всё большем проникновении в массы тайных знаний, позволяющих раскрывать законы природы, глубже проникать в психику людей, и прежде всего – себя самого. Ведь невозможно изменить другого без его на то согласия (исключения составляют кратковременные противозаконные действия мошенников, но эти случаи не входят в разряд высокоморальных). Поэтому начинать лучше, прежде всего с себя. Возможностей для этого предостаточно. Взять хотя бы понятие «человек». Все согласятся, что человек – это его тело. Да, именно руки, ноги, туловище и голова. Оно даётся нам с рождения и до самой смерти, одно-единственное. Оно – наш своеобразный дом. С его помощью мы познаём материальный мир. А как мы с ним обращаемся? Любим, холим, тренируем? Или закармливаем, травим, культивируем лень?…

Но наше тело – это ещё не весь человек. У него ещё есть Сознание и Подсознание. Вот как раз об этих составляющих, под разными названиями, мы узнали сравнительно недавно. И тут поле деятельности для изучения совершенно неограниченно. Очень многие уже задумываются над законами мироздания, ищут путь к себе. В интернете прочитала, что если хотя бы 5 % людей настроено оптимистически по отношению к судьбе человечества, то оно не погибнет в очередной «конец света». А это уже радует.

Свобода появляется, когда исчезает двойственность восприятия

Но вернёмся к дуальности мира. Любое понятие у человека имеет свою противоположность. Чаще это проявляется в виде отрицания: «пойти» — «не пойти», «посмотреть» — «не посмотреть». Следует учитывать, что мы видим только одну сторону дуальности. Т.е. если нас интересует любовь, то мы и помыслить не можем о ненависти. А она, эта ненависть, уже заложена в нас, благодаря наличию любви. И наоборот, когда есть неприязнь, незначительный толчок (в виде тёплого слова или поступка) может спровоцировать зарождение любви.

И так во всём. Так работает монада. Нет чистого Добра и Зла, Правды или Лжи. Мир дуален изначально в нашем сознании. Понимание этого не позволяет судить других людей за их поступки.

Будьте друг к другу более терпимы, ибо понятия «хорошо» и «плохо» не абсолютны и очень относительны. Именно гибкость в мышлении позволяет нивелировать последствия действия дуальностей.

КАК ПОВЛИЯТЬ НА СУДЬБУ. ПОДДАЁТСЯ ЛИ НАША ЖИЗНЬ ПРОГРАММИРОВАНИЮ.

 Возможно ли это в принципе? Зачем жизнь преподносит нам уроки и как на них реагировать? Как много вопросов, не правда ли. Давайте попробуем разобраться в них, поищем ответы там, где они могут и не могут быть по нашей логике. И начнём с момента рождения человека...

Кто закладывает в нас программу жизни?

Все знают со школы, что многие черты характера, внешние признаки человека закодированы в биологических кодах – ДНК. Фрагменты ДНК отвечают каждый за свой участок – цвет глаз, волос, способность к обучению, жёсткость или мягкость характера. С природой, как говорится, не поспоришь. Да и зачем?! Так из мозаики составляет она каждого из нас. Как пазлы складывали мы в детстве в общую картину, так генетика программирует нашу жизнь, нашу судьбу.

Хотя, по большому счёту, не стоит всё спихивать на ДНК и природу. То, что заложено в нас с рождения, это одно. Но существует ещё много другого, что накладывает свой отпечаток на жизненный путь каждого индивидуума.

Имена

Есть мнение, что имя, данное нам при рождении, влияет на судьбу, на наше будущее. Поэтому те смельчаки, кто осмелился изменить имя во взрослом возрасте, пытаются изменить индивидуальный ход своей истории. Положительно это влияет или нет, остаётся загадкой, т.к. никому не ведомо, что человеку лучше, а что хуже. Ведь всё, что даётся ему, даётся для его же блага. С этим многие могут поспорить, но факт остаётся фактом. Просто в природе изначально не заложено зло.

Великие личности, артисты и писатели, взявшие псевдонимы, вошли в историю, но не благодаря новым именам, а скорее своими делами, открытиями, талантами. А вымышленные имена являются лишь маячками в памяти людей, выделяют их из толпы.

Воспитание

Что бы ни заложила Матушка-Природа в наши гены, влияние родителей и учителей нельзя недооценивать. Так уж мы устроены, что ещё находясь в утробе матери, уже усваиваем её мысли, эмоции, привычки и предпочтения. Мы слышим её голос и узнаём его безотказно и после рождения, и во взрослом состоянии. Родители не всегда задумываются о том, что дети их слышат, видят и копируют поведение, слова и даже мысли. А те, кто это осознаёт, видит в ребёнке, прежде всего личность с самого начала. И это правильно. Именно в таких семьях вырастают люди, наименее подверженные различным страхам и сомнениям. А эти, последние, ой как мешают полноценному развитию гармоничного человека! Ведь энергия, которую он тратит на преодоление беспокойства и опасений, могла бы пойти на достижение каких-то целей, на благо себя и общества в целом.

Родовые программы

Кроме всего прочего, на судьбу человека влияют так называемые родовые программы. Что же это такое? Мы уже не раз акцентировали внимание, что ничего не происходит просто так, всё имеет своё объяснение и вытекает одно из другого. В данном случае имеется в виду, что объяснение событий в судьбе конкретной личности можно найти в прошлых поколениях, или другими словами, жизнь предков определяет судьбу потомков.

Наверняка многие слышали о родовых проклятиях. Это, конечно, худшие варианты событий, но они не так уж редки. Именно поэтому всем нам следует быть более осознанными и внимательными к своим словам, мыслям, эмоциям, выплёскиваемым особенно в разгар горячности. Потому как через время ссора забудется, а негатив никуда не денется, где-то спрячется и начнёт свою деструктивную деятельность.

Об образе жизни не по совести вообще следует сказать отдельно. Те люди, что отрицают любовь и справедливость, а также другие добродетели, вырабатывают и отдают в мир разрушающую энергию, которая производит своё пагубное влияние на других людей. Затем эта энергия возвращается бумерангом к своему источнику или его потомкам, продолжая своё разрушение.

Программирование жизни в общении

Мудрые люди тем и отличаются от других, что видят суть вещей, смотрят глубже и поэтому совершают меньше ошибок. Хотя никто от них не застрахован. Не так страшно ошибаться, как не извлекать из этого уроки для себя. Народная поговорка гласит: «Умный учится на чужих ошибках, а дурак – на своих»

Человек – существо социальное. В общении с себе подобными проходит его жизнь. Эти взаимодействия не остаются незамеченными нашей психикой. Все мы влияем друг на друга. Есть американский фильм «Эффект бабочки», который как нельзя лучше иллюстрирует тот факт, что малейшая деталь способна коренным образом изменить судьбу человека или группы людей. И дальнейшее развитие событий может пойти совершенно незапланированно. Хотя и здесь следует акцентировать внимание читателя на том, что контролировать жизнь или судьбу сложно и не всегда желательно, т.к. человеку не ведомо, что лучше для его блага. Стоит лишь быть осознанным, взять ответственность за свою жизнь на себя и довериться судьбе. Ни в коем случае не советую вручать свою судьбу различным прорицателям, ворожеям и гадалкам. Ибо последние обычно программируют доверчивого посетителя на определённое развитие событий, хотя таких вариантов может быть несколько. Но человек начинает жить по указанному пути.

А, как известно, словом можно и вылечить, и убить…

Как повлиять на судьбу? Способны ли мы сами изменять свою программу?

Бытует мнение, что человек не властен над своей судьбой. Что только Бог определяет, что ему суждено в этой жизни. Вероятно, по большей части это верно. Однако почему же встречаются люди, бросившие вызов судьбе и повернувшие историю вспять?! Их не много, но они есть. Те, кто не смирился с инвалидностью и вернул себе радость жизни, или не согласился умереть от смертельной болезни. Наверняка каждый из вас вспомнит хотя бы одно имя…

Так что же или кто определяет нашу судьбу? Думаю, однозначно ответить на этот вопрос нельзя. Жизнь очень сложна и одновременно невероятно проста. Очень часто мы сами её усложняем, зацикливаясь на несущественных вопросах. Ложные цели могут огорчить, когда наступает прозрение и человек оглядывается на пройденный путь. И, кажется, что уже ничего нельзя изменить. Но это не так! Никогда не поздно остановиться, осознать и принять новое решение.

Осознанность – вот главный рычаг судьбы. Слепой котёнок тычется в мамину шёрстку и наконец находит источник жизни. Позже, прозрев, он видит гораздо больше вокруг. К нему приходит осознание величественности мира, где существует много возможностей.

Мы похожи на этого котёнка. Пока слепы, кроме ближайшего окружения не видим других шансов. Прозрев, вероятность покорения вершин возрастает в десятки раз.

В нашей власти оставаться слепыми и влачить жалкое существование в океане негатива. Или бросить вызов судьбе и начать её менять ежечасно, ежеминутно, пересмотрев жизненные ценности и приоритеты. Стоит только начать и жизнь сама подскажет направление пути.

От всей души желаю вам найти в себе силы и свой собственный путь в океане возможностей!

СУТЬ МЕДИТАЦИИ. СОСТОЯНИЕ МЕДИТАЦИИ

Суть медитации заключается в физической релаксации тела и приведении к гармонии внутреннего состояния сущности человека. Известно, что в состоянии медитации изменяются биоритмы мозга. А практикуя релаксацию регулярно можно повысить сопротивляемость организма ко многим неблагоприятным факторам, таким как депрессия, хроническая усталость, склонность к заболеваниям и т.д. И всё же основная сила медитации скрыта в повышении энергетики и уровня развития человека, что непосредственно связано с основным смыслом нашей жизни.

Волновая природа окружающего мира

Всё живое и не живое в окружающем мире имеет волновую природу. Длина волны влияет на свойства того или иного предмета, явления или даже чувства. От частоты колебания молекул зависит, например, температура или цвет вещества. Свет также имеет свою длину волны.

А замечали ли вы, что когда человек сердится, от него исходит негативная энергия? Вам становится не по себе, и вы стараетесь уйти прочь. То же самое ощущают окружающие вас люди, если злитесь или негодуете вы.

И наоборот, когда человек в прекрасном расположении духа, с ним приятно не только общаться, но и просто находится рядом.

С одними людьми нам комфортно вместе, с другими – нет. Почему? Да потому, что все мы принимаем и излучаем в окружающую среду волны энергии. Частота этих волн ускоряется, когда мы активны, и замедляется, когда мы отдыхаем.

В чём суть медитации?

Погружаясь в так называемое состояние «альфа», когда длина электромагнитной волны мозга составляет от 8 Гц до 14 Гц, человек становится расслабленным и более внушаемым. Засыпая и просыпаясь, мы каждый день испытываем это. Суть медитации и заключается в намеренном приведении себя в такое состояние.

Что означает состояние медитации и как его достичь?

Состояния «бета» (частота колебания мозговых волн от 14 до 30 Гц), когда человек бодрствует и «гамма» (свыше 30 Гц) когда испытывает стресс — это то, в чём современное общество пребывает сейчас бо/льшую часть своей сознательной жизни.

Состояния же «тета» (от 5 до 7 Гц) и «дельта» (от 0,5 до 4 Гц) присутствуют, когда человек находится во сне и в глубоком сне. Намеренно и сознательно привести себя в такой транс могут только опытные гуру или посредством гипноза. Поэтому более распространено входить в состояние «альфа». Учитывая пользу от медитации, многие хотят научится это делать. Что для этого нужно? Прежде всего – желание и усердие. Как в любом деле, нужны знания для понимания процесса и практика, каждодневная практика.

Можно медитировать пассивно, расслабляясь и просто наблюдая за образами, возникающими перед вами. Можно активно, небольшим волевым усилием менять неприятные образы на желаемые.

Главное условие медитации – расслабление, прежде всего физическое. Сядьте или лягте удобно, закройте глаза и постарайтесь расслабить каждую часть своего тела. Для этого достаточно мысленным взором последовательно обращать внимание на пальцы рук, кисти, локти, плечи и т.д. Пока не пройдётесь по всему телу.

С мыслями сложнее. Остановить их поток в голове не всегда удаётся. Лучше с этим не бороться, а постараться отстраниться и как бы наблюдать за происходящим со стороны. В случае ухода в бытовые или волнующие вас в данный момент проблемы, вовремя отследить и вернуть свое мышление к более приятным абстрактным образам.

Очень хорошо помогает при этом специальная музыка для релаксации.

Начинать можно с небольшого промежутка времени, 5-10 минут достаточно для начала. Постепенно организм приучается к состоянию медитации, и вхождение облегчается, длительность самой релаксации увеличивается.

Сила медитации

Если суть медитации – это получение информации от тонких тел, окружающих физическое тело человека, то сила медитации – это благоприятное воздействие на организм процессов расслабления, самовнушения и обращения к своей внутренней сущности или высшему «Я». Такой своеобразный кратковременный отдых по своей силе сравним с полноценным более длительным сном. В результате которого организм восстанавливается и омолаживается.

Необходимо обратить внимание ещё на один очень важный момент. Когда человек перед сном или после пробуждения, находясь ещё в «альфа», сам того не осознавая, прокручивает в голове неприятные мысли, обдумывая или вспоминая негативные моменты из жизни, он сам себя программирует на негатив. Ведь о чём человек думает, то и привлекает в свою жизнь. А потом удивляется, почему он так не хочет чего-то, так тщательно «гонит» от себя, обдумывая во всех деталях, а оно ну никак не уходит из его жизни! И что при этом делать? Да ничего! Единственный выход – переключить внимание на более приятные вещи, думать о том, чего хочется достичь. И во время медитаций, и лёжа в постели, постепенно приучая своё сознание и подсознание к новому мышлению.

Человек может всё, главное верить в это и работать целенаправленно над собой.

И я вам желаю обрести эту веру.

В ЧЁМ СМЫСЛ ЖИЗНИ ЧЕЛОВЕКА

 Что означает понятие смысл жизни вообще и моей в частности? — этот вопрос задаёт каждый из нас себе в определённый момент, будь то юность, зрелость или старость. Вопрос может звучать конкретно или находится в подсознании, отзываясь в сознании лишь непонятным гнетущим или волнующим ощущением.

Обычно мы в одиночестве обдумываем цель и смысл своей жизни. С другими людьми можем только поделиться размышлениями, спросить совета, задать вопрос более опытному в этом отношении коллеге и получить на него ответ. Или вместе порассуждать.

Понятие смысла жизни

Вот человек родился. Говорят в это время на небе зажигается новая звезда. Конечно, это просто красивая легенда, но скрытый смысл в этом сравнении есть. Ведь маленький человечек, новорождённый, по своей чистоте похож на ангела, на чистый лист бумаги. И с момента его рождения на этом листе начинают писать историю его жизни сначала те люди, которые в этот момент с ним рядом, это родители, бабушки-дедушки, сестры-братья, потом – друзья, учителя, коллеги. И постепенно «лист» заполняется индивидуальной историей конкретного человека. Не бывает одинаковых людей, как и одинаковых судеб. Каждый из нас в поиске смысла жизни проходит свои, строго индивидуальные, уроки. Неудачи и поражения, болезни и недомогания, как и радость с минутами счастья привлекаем в свою жизнь мы сами, своими мыслями, своими поступками. Если эти уроки воспринимаются человеком осознанно, он делает выводы, исправляет ошибки и жизнь его наполняется смыслом, любовью. Если же уроки не осознаются человеком, он упорно натыкается на одни и те же препятствия, наступает на одни и те же грабли.

И, соответственно, набивает всё те же шишки, только в разных местах. К сожалению в наше время человечество болеет неосознанностью, отсюда – терроризм, агрессия, войны, нищета. Понятия радости, ощущения счастья редко живут в семьях, сообществах.

Надежда есть всегда...

Однако не всё так безнадёжно. Всё чаще эта тема волнует людей, всё больше людей понимают, что смысл жизни человека это любовь. Любовь в широком понимании этого слова. От любви к себе, до любви ко всему, что нас окружает.

Что значит любовь к себе? Это прежде всего приятие себя как частицы Бога, как частицы природы. Природа совершенна. Посмотрите на грациозных оленей или лошадей, на симметрию снежинок или чистоту осеннего неба. Разве можно сомневаться в подлинности сей красоты?! Почему же мы не признаём красоту своего тела, совершенство характера, не верим в свои способности? Сомнения в собственной уникальности и совершенстве есть сомнения в совершенстве Сил Природы. А эти Силы создали океаны и горные массивы, целые галлактики и мысль, способную мгновенно облететь земной шар.

Мы сами ответственны за свою жизнь

Почему же мы подвергаем сомнению совершенство самого себя? Потому что нам это внушили? К сожалению коллективное сознание – тоже великая сила. Переломить которую по плечу далеко не всем. Но кто сказал, что это не под силу мне или вам? Кто определяет наше место в обществе или природе? Да, совершенно верно, мы сами. С помощью близкого окружения в процессе первых лет жизни. Что оно напишет на чистом лисе бумаги родившегося малыша, такова и великая вероятность его дальнейшей судьбы. Но лишь до проявления осознанности. Это происходит в тот момент, когда человек впервые задумывается, в чём же смысл его жизни. А этот смысл и заключается в том, что все мы рождены для радости, а не страдания.

Смысл жизни человека — это любовь

Понятие смысла жизни очень глубокое, многогранное и разностороннее. Проснитесь сами, разбудите близких и жизнь заиграет для вас новыми красками. Только хочу предупредить, дорога возвращения к себе настоящему трудна и терниста. Но игра стоит свеч. Это как радость рождения ребёнка быстро заставляет забыть счастливую мать недели токсикоза, месяцы нагрузки на организм и сами роды. Ни с чем не сравнится осознание спокойствия в душе, единение с природой.

Любовь – вот смысл жизни человека. И с этим не поспоришь.

АНГЕЛ ХРАНИТЕЛЬ ЧЕЛОВЕКА

Ангел хранитель человека — существует или нет, верить в него или нет?…

В повседневной суете люди часто забывают о своём предназначении, для чего они пришли в этот мир, зачем живут, и что будет дальше. А многие просто не задумываются об этом.. И когда всё в их жизни хорошо, какое им дело до Заповедей Божьих или душевных раздумий?! (Конечно я не говорю абсолютно обо всех!) Но стоит грянуть беде, и человек чувствует себя слабым, беззащитным, вспоминает о Боге… А ведь то, что существует Сверхсознание, интуиция, Высшие Силы уже даже доказано наукой. Почему же в нашей жизни так много агрессии, жестокости, лжи? Почему многие из нас находятся на низших уровнях духовного развития?

Так верить в ангела хранителя или нет?

Сейчас я хочу поговорить об ангелах хранителях человека, о тех сведениях, которые мне известны. У каждого человека есть свой ангел. Исходя из этого, в мире существует их многомиллионная «армия». У них есть своя иерархия. Но не это главное. Главное то, что у каждого из нас есть сила, готовая в любую минуту вступиться за нас, за нашу жизнь. А мы порой об этом даже не подозреваем. Или просто забываем. А они молчаливо следуют за нами, ждут нашего пробуждения. Находятся на расстоянии, не смея приблизиться без особого разрешения. Кто же даёт это разрешение? Я не знаю. Но очень хочется верить, что во многом это зависит от нас самих. Именно наша вера в них приближает наших защитников к нам, даёт невидимую, но прочную, связующую нить. Однажды я читала книгу «Беседы с Ангелом», автор Андрей Башун. Меня тогда поразили ответы Ангела — всё просто, но с глубоким смыслом. Мог ли автор сам придумать весь текст? Думаю, нет. Человек получает все свои знания из энерго-информационного пространства. И почему не допустить, что это произошло посредством мысленного общения именно с неземным существом?

Мой ангел хранитель

Я такой же человек, как и Андрей. Только уровень моего духовного развития ещё не дошёл до той стадии, когда моему Ангелу разрешат со мной пообщаться. Или я ещё не подобрала вопросы, какие хотела бы задать ему... Однако я искренне верю, что однажды услышу голос, обращённый именно ко мне. И жду этой встречи. А пока мысленно представляю, что мой Ангел всегда рядом, наблюдает за мной. Прошу помощи в трудные минуты и благодарю в минуты радости...

А какое место занимают ангелы в вашей жизни?

ВОЗРАСТНАЯ ПСИХОЛОГИЯ

КАК ВЫРАСТИТЬ РЕБЁНКА БЕЗ КОМПЛЕКСОВ

 Закомплексованность в людях встречается довольно часто. Если вы будете внимательны и переведёте свой взгляд с себя на других, то заметите это. Правда многие скрывают свои недостатки или прячут их за агрессивностью, раздражительностью, недовольством. Но кота в мешке не утаишь и человеческие комплексы «лезут» со всех «щелей» под внимательным взглядом наблюдателя.

О способах избавления от страхов, неуверенности, ревности и сомнений я уже писала на страницах Музы. По большому счёту, всё это тоже относится к психологическим комплексам. Человек может страдать от неуверенности в себе или ревности, а может быть подвержен целому «букету» этих проблем. Суть от этого не меняется – жить полноценной жизнью при этом невозможно.

Откуда же берёт корни закомплексованность?

Давайте снова вспомним малыша, только появившегося на свет. Он перешёл из одного состояния (или измерения) в другое. В нашем мире он новичок и пока не знаком со всеми «прелестями» его содержания. Кто окажется рядом? Какие эмоции будут преобладать в окружении? От этого зависит его дальнейшая судьба.

Но это вовсе не значит, что малыш как пустой сосуд, который будут наполнять окружающие его люди с совершенного нуля. Так называемая наследственность, заложенная в его генах, уже наложила отпечаток на его восприятие. Если малышу повезет, и он будет расти в атмосфере доброжелательности, любви и доверия, то лучшие качества, зашифрованные в генетическом коде, проявятся с наибольшей силой, а всё отрицательное может нивелироваться именно этой любовью и доверием.

Профилактика или лечение?

Предотвращать ошибки всегда легче, чем исправлять. Это касается всего, в том числе и воспитания. И если в строительстве, например, лучше разрушить старый дом и на его месте построить новый, то с психикой человека так поступать нельзя. Тут требуется осторожность и снова – любовь. Причём, любовь искренняя и всеобъемлющая.

Но сейчас мне хочется поговорить не об исправлении психики уже сформировавшейся личности, а о воспитании детей изначально полноценными, раскрепощёнными и жизнерадостными.

К сожалению, порой наблюдаешь за девочкой или мальчиком школьниками, и невооружённым глазом видно, что он (а) не играет вместе с другими детьми, ведёт себя застенчиво, не может за себя постоять. Или наоборот, слишком рьяно пытается показать свою «взрослость», компетентность и независимость. А то, порой, и превосходство над другими детьми, путём агрессии. Оба случая – две стороны одной медали — закомплексованности. Гармонично развитые дети дружелюбны и открыты.

Дети – наши зеркала

Наши дети, так же как и глаза у человека – это зеркало. Зеркало нашей души. Мы, взрослые, можем читать нотации ребёнку о том, как следует себя вести, но это всё будет бесполезно, если они видят изо дня в день, что сами мы ведём себя по-другому. Почему-то взрослые считают, что детей легко обмануть, и притворяются специально для них. Но это совершенно не верно! Дети ещё с пелёнок всё видят и понимают. Скажу даже больше, они понимают уже в утробе матери те чувства, какие к ним испытывают родители. Любят их или лицемерят. Поэтому, если вы хотите, чтобы ваши дети выросли честными, трудолюбивыми, весёлыми и жизнерадостными, показывайте им пример. Будьте сами такими, изо дня в день. Будьте такими, какими вы хотите видеть в будущем своих сына или дочку. Поверьте, они всё замечают и всё запоминают. И хорошее, и плохое. И когда-нибудь они вам расскажут, как то или иное ваше слово или поступок повлияло на формирование какой-то черты характера вашего бывшего малыша. Потому что всего лишь одно слово может иметь силу, о которой вы и представить не можете. Не зря говорят, что словом можно и убить человека, и вылечить.

Следите за речью, не позволяйте себе в сердцах оскорблять малыша, даже если ему всего лишь год от роду. Воспринимайте его как личность уже с пелёнок. Держите данное вами слово. Или, если уж не сдержали, потрудитесь объяснить ребёнку доброжелательно причину срыва планов. Никогда не лгите ему! Не сравнивайте с другими детьми. Ваш ребёнок уникален, всегда помните об этом.

Рисуйте в своих мечтах благополучие жизни дочки или сына. Гордитесь ними. Даже за маленькие их достижения. Чтобы они это чувствовали. Только делайте это искренне, иначе ребёнок почувствует фальшь и ответит вам тем же.

Закомплексованность произрастает там, где нет доверия и любви. Но любовь должна быть не слепая, а искренняя. Посвящать всю жизнь детям, отказываясь от своей личной – ошибка многих матерей. Жертвенность не приносит счастья ни тому, кому она предназначается, ни самой жертве. Только счастливые родители могут вырастить счастливого нового члена общества. Помните об этом, дорогие мамы и папы!

КАК НАУЧИТЬСЯ ДОВЕРЯТЬ СВОЕМУ РЕБЁНКУ

 Как научиться доверять своему ребенку? Вы доверяете своему ребёнку? Не важно, маленький он ещё или уже взрослый. Но как часто случается, что мы беспокоимся о нём, рисуем в мыслях ужасающие картины, в то время как он может мирно играть с друзьями, элементарно забыв о времени и о нас. Бывает и так, что дети, подрастая, становятся более самостоятельными и могут уже сами о себе позаботиться. Но наше родительское волнение не даёт нам спокойно спать или даже жить, если не было вовремя звонка или предупреждения. Всё верно, родители так устроены, что их забота запаздывает за взрослением их чад. Что же делать в таких случаях?

Доверие к ребёнку начинается прежде всего с себя!

Чтобы научиться доверять своему ребенку, необходимо приучить его с самого детства уважать ваше родительское волнение и вовремя предупреждать о своих действиях. И сделать это должны вы. Совершенно необязательно говорить об этом в назидательном тоне, лучше делать это доброжелательно. В воспитании вообще всегда должна присутствовать доброжелательность, но неизменно с твёрдостью. Ребёнок просто обязан понимать, что если вы его о чём-то попросили, значит, вы ему доверяете, и он должен это сделать. Ну, конечно же, просьбы не могут быть надуманными и ущемлять права ребёнка.

Представьте себя на месте своего ребёнка, посмотрите на себя его глазами. Так уж ли вы поступаете правильно? Не уподобляетесь ли вы сами капризному дитяти? Взвешены ли ваши требования? Предоставьте право ребёнку самому принимать решение, не делайте этого за него. Вы боитесь, что он совершит ошибку, поступит неправильно, заболеет? Но кто решает, что правильно, а что нет? Не ошибается тот, кто ничего не делает. Именно из ошибок мы черпаем свой опыт. И совершенно нормально сделать что-то не так, осмыслить это и исправить. Вы считаете, что вашему ребёнку это не под силу? Или вы уверены в нём? Если второе, поздравляю – вы начинаете доверять своему ребёнку!

Ни в коем случае не допускайте в мыслях и словах дурного! Вы должны быть уверены, что с вашими детьми ничего плохого не случится. Спокойная уверенность – помощница во всех начинаниях, и здесь в том числе. Вы спросите – как этого добиться, когда, волнуясь, в голову лезут самые разные, и чаще плохие, мысли? Этому следует учиться, дело того стоит. Доверие и спокойная уверенность тождественны. И начинать надо с контроля мыслей. Если вы почувствовали, что в голове роятся страшные картины, переключите своё внимание на более приятные вещи. Скажите себе: «У меня замечательный ребёнок, я ему полностью доверяю, он самостоятельный и с ним всё будет в порядке!» Мозг человека устроен таким образом, что способен думать одновременно только о чём-то одном. Поэтому, отслеживая свои мысли, вы можете контролировать своё состояние.

Держите под контролем и свои выражения. Никогда не называйте ребёнка плохими словами. И не программируйте его на плохое. Ведь не зря говорят, что если человека сто раз назвать «свиньёй», например, на сто первый раз он захрюкает. Хвалите своего ребёнка. Даже если у него что-то и не совсем хорошо получается. Ему важно чувствовать вашу поддержку. Так между вами установятся доверительные отношения. И даже если он не будет рассказывать вам о своих делах стопроцентно, ничего страшного, у каждого человека, даже у маленького, есть своё личное пространство, куда он впускает по своему усмотрению. Вы ведь тоже имеете свои тайны. Пусть и у него будут маленькие тайны от вас. Не допытывайте его. Допустите, что он сам расскажет, о чём считает нужным.

Если вы будете понимающим и доброжелательным, поверьте, о главных событиях в жизни своих детей вы узнаете первыми.

КАК ПРИУЧИТЬ ДОЧЬ К РУКОДЕЛИЮ

 Воспитание дочери во многом зависит от близости отношений её с матерью. С древних времён повелось, что в семье мать учит дочь различным премудростям семейного быта, в том числе и рукоделию. Конечно, если она сама занимается этим самым рукоделием. Прежде всего детям необходим пример. Они как губка впитывают в себя поведение родителей. Девочки чаще подражают матери, а мальчики – отцам. Поэтому особенная ответственность в воспитании дочери лежит на матери.

Воспитание дочери начинается с повторения поведения мамы

Если вы занимаетесь рукоделием, например вязанием спицами, очень хорошо. С раннего детства девочка видит маму со спицами, в процессе вязания, по-детски радуется обновкам, которые мама делает ей. Это очень важная часть в воспитании дочери, чувствовать любовь родителей, их заботу. К тому же видеть, что многое можно сделать своими руками. Совместная же деятельность ещё больше сближает родных и без того людей. Поэтому если маленькая дочь хочет попробовать вязать вместе с мамой, не бойтесь дать ей спицы или крючок с нитками, пусть пробует.

Ищите компромисс

Договоритесь, чтобы она не трогала вашу работу, а пыталась сама повторить, научиться данному занятию. Запреты и страхи отобьют желание заниматься тем или иным видом деятельности. Пусть у неё будет свой личный инструмент, спицы или крючок, своя пряжа, так называемое рукоделие для детей, и пусть учится. Скорее всего, сразу у неё ничего не получится. Но надо набраться терпения и объяснить дочери, что человек способен освоить любое дело, потому как способности наши не ограничены. Ограничения делаем только мы сами, в своём мышлении. Покажите ей навыки, основы вязания. Похвалите за первые успехи.

Хвалите свою дочь

Хвалить необходимо в любом случае – и за желание научиться, и за старание, и как стимул. Для ребёнка очень важно чувствовать поддержку близкого человека. Подрастая, дочь будет совершенствовать свои навыки. Желание выделяться среди сверстников обновками, отличаться от них эксклюзивными вещами, закрепят в девочке склонность к рукоделию. И даже если став подростком она забросит это занятие, не волнуйтесь, навыки вы в ней зародили, и в нужный момент они обязательно проявятся.

Будьте доброжелательны

Основной момент, на который необходимо обратить внимание – это добровольность и доброжелательность в обучении. Как и в любом другом деле, в воспитании дочери, впрочем как и сына, строго следует придерживаться именно этого принципа. Ибо малейший нажим или принуждение могут принести совершенно противоположный результат. Хочет чем-то заниматься ребёнок, поддержите его желание, помогите. Если ему не понравится, не настаивайте. Будьте доброжелательны со своим ребёнком. Любимое занятие находится методом проб и ошибок. И ни в коем случае не расстраивайтесь, если вдруг дочь не пойдёт по вашим стопам, и рукоделие не станет её хобби. Каждый человек идёт своим, индивидуальным путём. В этом и есть наше предназначение.

ЧТО ДЕЛАТЬ, ЕСЛИ У ВАШЕГО СЫНА ЛУЧШИЙ ДРУГ – АВТОМОБИЛЬ

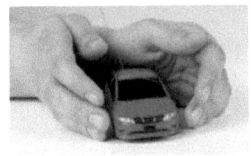
Автомобиль — мой друг и помощник…

Увлечение автомобилями может проявиться в ребёнке ещё в самом раннем возрасте. Особенно это присуще мальчикам — будущим мужчинам. У которых со временем лучшим другом может стать именно автомобиль.

А начало могло быть таким…

Рассказ о первом друге автомобиле

Малыш крепко держался за руку мужчины и гордо вышагивал по мостовой. Рядом с ним был любимый Папа, и они оба обожали эти прогулки по улицам города в выходные дни. И вдруг в огромной витрине магазина игрушек сын увидел великолепную красную блестящую машину с почти настоящим рулём и педалями. Она показалась мальчику самой красивой машиной в мире!

— Папа, купи мне её! – прошептал завороженный малыш.

— У нас нет на неё денег, — тихо ответил отец.

Весёлое настроение сразу куда-то испарилось. И каждый задумался о своём. Уныло бредя всё теми же солнечными улицами, в душе отца зрела мысль: «Сынок, я обязательно найду возможность заработать деньги и на следующий день твоего рождения ты будешь кататься на этой машине!»…

Чем мальчики отличаются от девочек

Так уж повелось в народе, что с самого детства девочки играют с куклами, а мальчики предпочитают играть в войну или с машинками. Конечно, за некоторыми исключениями. Такова психология детей. Из девочек вырастают заботливые мамы, жёны, подруги, которые учатся этой заботе у своих мам, бабушек, учителей. В играх детей проявляются наблюдения за поведением взрослых.

Мальчики же должны воспитываться в духе мужского поведения. Поэтому родители чаще всего им покупают игрушечные пистолеты и машины. У некоторых такие увлечения проходят вместе с детством, но бывает, что детское увлечение перерастает в хобби и у мужчины появляется друг автомобиль. У моего племянника, например, первое слово было не «мама» и не «папа», а — «руль». Причём, с чётким «р»!

А если у папы уже есть автомобиль и маленький сын гордо восседает у него на руках за этим самым рулём, то можно даже не сомневаться, что в дальнейшем дружба между мальчиком и автомобилем перерастёт в увлечение автомобилями.

Автомобиль друг

Если ваш сын из их числа, то, скорее всего вы редко видите его дома. Даже если у него пока нет своего личного любимого авто, наверняка он будет кататься с друзьями, или наблюдать за чужими, в мечтах представляя себя за рулём какого-нибудь «Порше» или «Аудио». Пусть мечтает! Поддерживайте в нём эту мечту «Хочу автомобиль». Пусть изучает марки машин, историю первых автомобилей, собирает красивые фото машин. Интересуйтесь его увлечением. Покажите, что вам интересно слушать его рассказы. Искренне удивляйтесь его обширным знаниям. Поверьте, детям очень важно видеть и знать, что родителям не безразличны их интересы и увлечения.

Зародите сыну мысль, что для осуществления мечты надо делать каждый день маленький шажок по направлению к цели. Самыми первыми такими шагами могут быть знания. Затем их практическое применение. Начинать можно с самого простого, старенького авто, какое можно купить за небольшую цену. Отлаживая своими руками, сын будет любить свой первый автомобиль, ибо «ребёнок», который достался матери труднее всего, самый любимый. Это и будет его первый автомобиль друг.

Уже потом могут быть другие, но этот запомнится на всю жизнь…

А что же делать, если детали от машины постепенно перекочёвывают из гаража в дом? (Уверяю вас, бывает и такое) Тут уж без компромисса не обойтись. Заключите договор – вы терпите весь этот бедлам определённое время, по истечению которого сын убирает всё сам.

Любовь и гордость

И вот наступает счастливый момент, когда вы сидите на почётном месте рядом с водителем. Тут уж не известно, у кого больше гордости, у него или у вас. Такие минуты запоминаются на всю жизнь. И именно они вселяют уверенность в родительское сердце, что жизнь прожита не зря.

И ещё один совет – доверяйте своим детям, не переживайте и не накручивайте себя, когда их нет с вами рядом. Положитесь на интуицию, так называемое «родительское сердце». Оно всегда подскажет правильный выход.

ТЕПЕРЬ НЕ УМИРАЮТ ОТ ЛЮБВИ. ПЕРВАЯ ЛЮБОВЬ

 Не бывает любви несчастной… Сейчас я хочу поговорить о неразделённой любви и что при этом делать. К сожалению, в жизни она случается, и не так уж редко. Особенно в молодости, когда тело и душа рвутся ввысь. Мысли и воображение рисуют радужные картины. Помыслы чисты, а желания естественны. Именно тогда боль от разочарования наиболее сильна, потому что все первые чувства, пережитые человеком, имеют самую яркую эмоциональную окраску.

Что такое любовь?

Эта тема настолько раскручена, что и добавить то вроде нечего, на первый взгляд. Но это всего лишь на первый взгляд. Да, сколько бы ни говорили, ни писали о ней, не исчерпается этот источник никогда! Да, именно источник! Вдохновения, творчества, подвигов и свершений, рождения детей, полёта души.

Как сказал один мудрый человек:

«Любовь — это морально-эстетическое чувство человека, выражающееся в самозабвенном и бескорыстном стремлении к определенной личности с её индивидуальной неповторимостью» Тубо

Убеждать кого-то в уникальности каждой личности, думаю, нет надобности. Почему-то мы любим одних, и даже не замечаем других. Как такое происходит? По каким критериям идёт отбор? Взгляд – внешний вид? Слух – звуковые вибрации голоса? Обоняние – запах духов или тела? Тактильные прикосновения – случайное касание или столкновение?

А может всё вместе, в совокупности с выбором на ментальном уровне? Если исходить из того, что в жизни не бывает случайностей и всё закономерно, то и тут становится немного понятней. Своими мыслями и желаниями мы притягиваем в свою жизнь людей, которых заслуживаем. А потом влюбляемся в них. На гормональном уровне при этом идёт целый химический процесс в организме... Но это дело учёных. Нас же интересует моральная сторона вопроса.

Не бывает любви несчастной

«Тот, кто любит по — настоящему какого-то одного человека, любит весь мир» Эрих Фромм

Скажите, что лучше, любить или быть любимым? Когда вас любят, вам преклоняются, возносят на пьедестал, посвящают стихи, дарят цветы... Всё это ужасно приятно! Но... если вы не испытываете ответных чувств, очень скоро все знаки внимания просто надоедают. А настырливость воздыхателя вообще начинает раздражать...

А теперь рассмотрим другую ситуацию – когда вы любите. У вас в душе поют птицы, расцветают цветы, весь мир вокруг вы видите в розовых и голубых тонах. Объект вашей любви представляется вам героем, совершенно лишённым недостатков. А если и случаются оказии, то вы быстренько списываете их на что-то, не омрачающее вашего приподнятого настроения.

И вдруг, непонятно откуда на вас обрушивается шквал «беды», выясняется, что вас не любят... Молодой впечатлительный организм долго не может поверить, смириться и принять этот факт. Это очень тяжело. Кажется, что мир рушится, и жизнь потеряла всякий смысл.

Очень важно в этот момент не сломаться и суметь выстоять, переждать. А ещё необходимо понять другого человека. Ведь ему тоже нелегко. И он не виноват, что сердце его закрыто для вас. И не потому, что вы плохой или плохая, а просто потому, что так складывается судьба. Постарайтесь простить его, даже ещё лучше будет, если вы сами попросите у него (неё) прощения, можно мысленно. И поблагодарите за то, что было между вами, и чего не было.

Первая любовь самая чистая и искренняя. Но она не единственная.

Стихи о несчастной любви лучше скажут об этом:

Теперь не умирают от любви

Юлия ДРУНИНА

Теперь не умирают от любви —
Насмешливая трезвая эпоха.
Лишь падает гемоглобин в крови,
Лишь без причины человеку плохо.

Теперь не умирают от любви —
Лишь сердце что-то барахлит ночами.
Но «неотложку», мама, не зови,
Врачи пожмут беспомощно плечами:
«Теперь не умирают от любви…»

Так в природе всё устроено, что на место старого всегда приходит новое. Если одно уходит, обязательно другое придёт, и возможно ещё лучшее. В данном случае новые отношения, новая любовь. Если не знаете, как избавиться от несчастной любви, влюбитесь снова!

Зная это, вам будет легче перенести разочарование. Помните, природа создала нас для радости, а все неудачи – лишь случайные явления в жизни. Настрой на это позволяет снова смотреть вперёд с надеждой.

И ещё, Любовь – это лучшее и главное, что есть в жизни. Она может принимать самые различные обличия, но всегда она – основа жизни. Любви вам и радости, дорогие читатели!

ПСИХОЛОГИЯ ОТНОШЕНИЙ

КАК ПОЛУЧИТЬ ПОМОЩЬ АНГЕЛА ХРАНИТЕЛЯ

 Помощь своего ангела хранителя может получить любой из нас. Только надо в него верить и знать некоторые особенности.

Каждый человек волен думать и поступать по-своему. И никто не может и не имеет права навязывать ему своё мнение. Верить или нет в существование ангелов-хранителей — каждый из нас также решает сам. Я думаю, что люди не могут выдумать то, чего не существует. Значит и Ангелы есть. И мы можем всегда рассчитывать на помощь своего ангела хранителя.

Вспомните, бывали ли у вас случаи, когда в минуту опасности или отчаяния вы поднимали глаза к небу и просили помощи у Бога, Небес, Вселенной или ангела-хранителя? Наверняка это делают все, только признаться в этом не каждый осмелится. Да и не надо! Ведь внутренний наш мир — это личное пространство человека. Впустите в этот мир своего ангела!

Вот некоторые советы, как получить помощь ангела хранителя:

- Приготовьте в своей жизни место для ангелов.
- Молитесь вслух.
- Используйте имя Бога.
- Воздавайте свои молитвы и веления ежедневно.
- Просите о помощи.
- Повторяйте веления и молитвы.
- Посылайте свою молитву по верному адресу.
- Будьте точны.
- Вообразите то, что по вашему желанию должно произойти.

- Ждите сюрпризов.

Эти нехитрые советы не стоит понимать буквально, если вы атеист, к примеру. Хотя быть ярым атеистом сейчас стало немодно, на мой взгляд. Но не об этом сейчас речь. Молитвой можно считать не только общеизвестные «Отче наш» или «Богородице, Дева, радуйся», а и просто искреннее обращение к какой-то Силе. Именно искреннее. Здесь обман не проходит.

И ещё, не забывайте благодарить своего ангела, за помощь и просто так, потому как чудеса не замедлят случиться! Будьте к этому готовы!

ЗАКРЫТОСТЬ – НЕДОВЕРИЕ ЛЮДЯМ. ПОЧЕМУ МЫ ЗАКРЫВАЕМСЯ ОТ ЛЮДЕЙ

 Закрытость людей в психологическом плане происходит от недоверия к людям и к собственно жизни. Как известно, люди делятся на экстравертов и интровертов. Хотя чистых типов, как и в других таких же определениях, не бывает, и разделение это условное. Однако действительно, некоторые ни дня не могут провести в одиночестве, «пропадают» без общения, им обязательно требуется с кем-то поговорить, поделиться впечатлениями, чувствами, событиями из жизни или собственными мыслями. Другие же тщательно скрывают свой внутренний мир от чужих глаз и догадаться, что они испытывают, бывает порой трудно. Они как невидимой стеной отгораживаются от мира. Почему так происходит?

Причины недоверия

Болтливость и навязчивость – это не совсем любимые качества людьми. Скорее они отталкивают, чем притягивают. И нельзя сказать, что именно это характеризует открытость человека. Как пример — открыты миру дети, они ему доверяют и не боятся. До тех пор, пока не начинают появляться страхи. Упал – испугался – стал настороженнее. Обманули – засомневался в следующий раз.

Ничего не бывает без причины. Другое дело, что часто память делает человеку услугу – заставляет его забыть об обиде или боли. Непроработанные, они влияют на психологический комфорт личности. И она, эта личность, закрывается от мира и от людей.

Помните героя повести А.П. Чехова «Человек в футляре» учителя гимназии Беликова? Это утрированный пример человека, не нашедшего с миром взаимопонимания и потому закрывшегося в свои собственные стены «тюрьмы».

Но так ли уж отличаемся мы от Беликова, когда за каждым углом нам мерещится аферист, обманщик или предатель? Или когда всей планетой ожидаем «конца света», с лёгкой руки СМИ?

Закрытость – синоним недоверия к людям

Почему мы не доверяем людям и закрываемся в своей «раковине»? Зачем? Разве так легче жить? Нет, конечно! Просто человек идёт самым «лёгким» путём. Зачем выходить на откровенный разговор по душам с близкими людьми, если это больно?! Отгородился от них невидимой стеной, ушёл в себя, в свой мир, захлопнул «футляр» и страдает там потихоньку. Со временем это входит в привычку, вызывает зависимость от страданий и вот вам «жертва» налицо.

Конечно, я несколько преувеличиваю описание. Хотя, кто знает…

Недоверие в отношениях – болезненная тема для многих. Отсюда берёт начало и ревность, и желание всё и вся контролировать. Теряя контроль, мы чувствуем страх. Страх одиночества, предательства, душевной боли. А самый большой страх – что нас не любят. Любить и быть любимым – самая большая ценность в жизни. Взаимная любовь и доверие – волшебный ключик, открывающий любые двери и «футляры».

Не зря говорят – того, кому доверяют, за руку не держат. Никакие запреты и замки не удержат рядом с вами человека, если он этого не хочет. И наоборот, как бы вы его ни гнали, он никуда не уйдёт, если сам не пожелает.

Как преодолеть закрытость?

Закрытый человек замкнут и необщителен. Но это лишь внешние проявления. Главная червоточина внутри. Заново довериться людям можно, если проработать причины недоверия. По-новому взглянуть на них, отпустить обиды, почувствовать себя выше этого, ощутить свою ценность.

Круг общения имеет огромное значение. Там, где тебя понимают и ценят, легче всё это осуществить. Поэтому не терпите унижения, меняйте окружение, ищите единомышленников. Сейчас, когда на помощь пришёл интернет, это сделать куда легче. Преодолейте страх перемен. Начинать заново никогда не поздно.

Конечно, нужна смелость. Как и в любом начинании. Но желание что-то изменить в жизни является спусковым механизмом к переменам. Они могут быть физические или материальные, в виде смены работы, места жительства или спутника жизни. А могут иметь духовное начало – изменение мировоззрения и внутренних ощущений. Но внешнее – отражение внутреннего. Можно сказать и наоборот. Во всяком случае, внешний мир тесно связан с внутренним, и «открытие дверцы» непременно скажется на всём состоянии человека.

ЛЮБОВЬ И ДОВЕРИЕ. КАК ВЕРНУТЬ ДОВЕРИЕ

 Любовь и доверие всегда идут рука об руку. Одно без другого существовать не может. И не важно, о каком доверии мы сейчас говорим — к людям вообще, к близкому человеку, к ребёнку, к Богу или к себе. По сути всё это имеет одну основу. И если исходить из того, что окружающий нас мир един, а мы все являемся его составляющими, то получается, что без доверия к себе мы не сможем доверять ни людям, ни Вселенной. А, не доверяя никому, только загоним сами себя в глухой угол, откуда не видно выхода. Именно такое состояние психики человека называется безысходностью или сумеречным состоянием.

Уровень доверия

В детстве мы мир воспринимаем совершенно не так, как став взрослыми. Не знакомый со страхом, болью, разочарованием, ребёнок смело идёт вперёд, всецело доверяя и себе и миру. Он расслаблен и совершенно не напряжён, вот почему падения не приносят ему столько боли и страданий, как нам, взрослым. Уже позже, накапливая груз шишек и неудач, его тело и психика постепенно начинают перестраиваться, теряя по капле беззаботность. И снова мы возвращаемся к истоку жизни человека – в его детство. Это настолько важный этап, что пренебрежение ним ведёт к плачевным результатам. Ведь комплексы в психике обусловлены, порождены и являются следствием именно отсутствия любви и доверия.

Доверие в отношениях

Очень часто наши ошибки несут за собой не только обиду близких людей, но и потерю доверия. Достаточно всего раз проявить жестокость в отношении животного, ребёнка или ближнего, и это отложится в его подсознании надолго.

Возможно даже на всю жизнь. Ребёнок может вырасти и «забыть» обиду, но продолжать не доверять вам, сам не осознавая, почему. А при повторении подобной ситуации с вами или при других обстоятельствах, его внутренняя память отобразит предыдущий опыт и реакцию. То же происходит и с животными. А вот взрослым близким людям и забыть сложно…

Так что учитесь совершать поступки осознанно, чтобы не пришлось исправлять свои же оплошности.

Как вернуть доверие?

Итак, потерять доверие к людям и к жизни нетрудно, а вот чтобы его вернуть, надо приложить усилия. Но усилия не столько физические, сколько внутренняя работа над собой. Причём восстанавливать доверие, как своё, так и чужое, одинаково трудоёмко. Если учитывать внутренние затраты энергии на мысли, выработку новых убеждений, мировоззрения. А также – время. Было бы хорошо один раз попросить прощения и всё исправится. Но так бывает не всегда. Во-первых, это должно быть предельно искренне, во-вторых, показателем искренности будут действия. Лишь по поступкам можно судить о человеке.

Если же прощение было получено, но вскоре ситуация повторилась, значит или не было искренности, или человек не владеет своей волей. Заметьте, слово «искренность» происходит от слова «искра». Поразмышляйте над этим… Чтобы вернуть доверие, проявите настойчивость, день ото дня доказывайте себе и другим ваше намерение измениться. Пусть это будут маленькие шажки, но в одном направлении. Вы спросите, какие именно? Но единого рецепта для всех не существует, и у каждого он свой. Не полагайтесь полностью на чужое мнение, слушайте своё сердце. Оно знает лучше самых умных книг и учителей. Научитесь его слушать.

Доверие к себе и к Богу

Всем известна истина, что человек может поделиться только тем, что у него есть. А чтобы что-то получить, прежде надо что-то отдать. Отдавая, мы приобретаем. Так работают законы Природы, не зависимо от того, принимаем мы их или нет.

Соответственно этому, мы не сможем получить любовь от другого человека, не имея своей любви. Это как раз и есть «любовь к себе», о чём сейчас много говорят, но не все осознают, что это такое. А это — принятие себя, как человека, как женщины или мужчины. Приятие своего тела, со всеми его особенностями. Это – доверие, к себе и к Богу (Вселенной, Природе, Мирозданию, Высшим Силам), прежде всего. Мы изо всех сил стараемся держать контроль над ситуацией, а если его теряем, огорчаемся. Терпя неудачу (в наших понятиях), впадаем в отчаяние. А спустя какое-то время, понимаем, что всё не так уж и плохо, по сути дела.

Почему же сразу не довериться своей интуиции и перестать всё усложнять? По своему опыту знаю, это тяжело, особенно на начальном этапе. Но сделать это нужно.

Воспользуйтесь какой-нибудь ситуацией. Например, поездкой. Перестаньте суетиться и переживать по поводу билетов, всяких мелочей. Просто расслабьтесь и скажите себе – я доверяю своей интуиции. Создайте соответствующий настрой, и время от времени вспоминайте о своём решении, чтобы не уйти снова в область переживаний.

Уверяю вас, как по мановению волшебной палочки у вас всё будет получаться и складываться как нельзя лучше. Очереди вам не помешают, транспорт будет приходить вовремя, билеты будут «ждать» именно вас. Это увлекательно и несёт элемент игры, лёгкости по жизни.

Получив первый положительный опыт, вам обязательно захочется его повторить. А это и есть обретение доверия…

ЗАЧЕМ ЧЕЛОВЕКУ ДАНЫ СОМНЕНИЯ

Вопреки сомнению, я решаюсь…

Крылья распластавши над землёй,
Я лечу …. И заново рождаюсь
В этот миг, подаренный судьбой…

Итак, наш разговор пойдёт о сомнениях, этих каверзных манипуляциях разума…

Кому присущи сомнения?

Кто из вас осмелится утверждать, что он никогда и ни в чём не сомневался? Не ошибусь, если скажу – таких людей нет. Сомнения присутствуют в жизни каждого. Вот только по-разному они воздействуют на людей. Одни своим мимолётным тревогам не уделяют достаточного внимания, поэтому рискуют, падают, поднимаются и снова идут вперёд. А другие сомневаются буквально во всём. И их жизнь превращается в сплошной кошмар. Пойти или не пойти, купить или не купить, это или лучше то? Им трудно сделать свой выбор. А затягивание этого процесса отбирает энергию у человека. Ведь обдумывание, перемалывание и растерянность занимают мысли и время.

Но это крайности, а среднестатистический человек (прямо как в моём любимом фильме «Служебный роман») подвержен сомнениям в более мягкой степени. Однако и ему вопреки сомнению не всегда легко жить.

Из чего вырастают сомнения?

Ничего не случается просто так, любое действие имеет предысторию. Это так же верно, как то, что солнце светит днём, а луна видна только ночью. Но не всегда возникшая связь видна сразу. И порой, чтобы её увидеть, необходимо проанализировать свою жизнь, или ближайшие события и даже мысли, слова. Например, вы собираетесь совершить какое-то действие, но сомневаетесь в успехе. Задайте себе вопрос – почему я сомневаюсь? Скорее всего, ответ найдёте в прошлом неудачном опыте, который мог уже и забыться, но прочно засел в подсознании.

Также сомнения могут вызвать непредвиденные обстоятельства, когда намеченный сценарий событий нарушается. Например, вы намерены поступить на работу в выбранную компанию, но по пути на собеседование вам перебегает дорогу чёрная кошка. Можно не обратить внимание на эту незначительную деталь, и тогда, вполне возможно, всё пройдёт гладко и успешно. А можно остановиться в раздумьях, вернуться, пойти другим путём и опоздать. Или же применить какой-нибудь бабушкин заговор типа «взяться за пуговицу» и пройти «заколдованное» место)). Что бы вы ни предприняли, в вашей голове уже зародились сомнения. Любые действия из описанных отвлекают вас от намеченной цели, сбивают с толку, рассеивают внимание, порождают неуверенность.

То же самое может произойти, если кто-то бросит вам фразу недоверия, выбивающую из колеи. Намеренно или нет. Не пускайте её в своё сознание, отключите приём, проигнорируйте. Именно неверие других людей в нас – опасный источник сомнений.

Страх неизвестности и перемен в жизни также всегда вызывает сомнения. Порой, даже любя, мы сомневаемся, связывая свою жизнь с другим человеком. Сомнения могут преследовать нас при смене работы, места жительства, покупки.

Сначала возникает просто мысль-сомнение – «а правильно ли я поступаю», «получится у меня или нет» или что-то в этом роде. Эта мысль нарушает внутреннее равновесие человека. Где-то в глубине души появляется неприятное чувство дискомфорта. Сомнения занимают всё большее внутреннее пространство, затем переходят на поступки и действия. Человек становится неуверенным в своих силах и вообще в себе, теряет способность действовать, не видит цель и сбивается с пути. Растерянность и бездействие –

вот следствия сомнений.

Вопреки сомнению...

Даже великие люди могут сомневаться в своих способностях. Но они не признаются в этом никому и с успехом преодолевают все свои страхи и сомнения.

Здесь секрет один – как можно меньше времени отводить на размышления и раздумья. Однако совершать необдуманные поступки тоже глупо, так что просто определите для себя срок принятия решения и сдержите слово.

К тому же, следует иметь в виду, что часто правильный выбор нам подсказывает наша интуиция. Первая мысль или слова, пришедшие в голову, и есть наиболее верные. Ведь мы, сами того не осознавая, уже знаем верное решение. И эту тайну человеческой психики стоит учитывать.

Или можно воспользоваться помощью другого человека. Задайте ему вопрос, волнующий вас. И пусть он ответит сразу, не задумываясь. Наверняка он подскажет вам интересный вариант, который вас заинтересует.

Работайте со своими сомнениями, задавайте себе вопросы: «почему я сомневаюсь?», «зачем мне нужны эти сомнения?», «откуда они берутся?» Ответы начнут приходить, только надо быть внимательнее.

И, наконец, повышайте свою уверенность. Именно она является противоположным рычагом и альтернативой сомнениям.

Так зачем же нам даны сомнения? Скорее всего для того, чтобы мы не совершали глупых поступков и в то же время умели принимать решения быстро и ответственно.

КАК ПОБОРОТЬ НЕУВЕРЕННОСТЬ В СЕБЕ

 Как побороть неуверенность в себе, чтобы жить полноценной жизнью, радоваться всем её проявлениям на уровне чувств, поступков, материальных благ? Этот вопрос очень актуален в настоящее время, к сожалению. Ибо наше общество заведомо воспитывает неполноценных, зависимых от чужого мнения, людей. Такими запуганными людьми легче управлять. Вы никогда об этом не задумывались?

Тема, которой мы коснёмся сейчас, очень актуальна. Так уж сложилось, что воспитание не многих из нас сделало воинами по жизни. У многих были скорее мягкие, почти тепличные условия, когда за нас думали и решали другие. А это не могло не наложить отпечаток на наше подсознание.

«Мы не идём к другим из-за страха быть отвергнутыми, мы не говорим о своих чувствах из-за страха насмешки, и мы не вверяем себя другому человеку из-за страха боли потери» Адам Джексон

Почему люди часто не уверены в себе?

Неуверенность в своих силах, в своих возможностях, страх неудач присущ, наверное, всем людям. Да только все по-разному ведут себя. Одни отбрасывают сомнения и идут напролом, до тех пор, пока не добиваются своего. Другие действуют осторожнее, но всё же действуют. А есть такие, кто может годами сомневаться, вожделеть и не решаться сделать хотя бы первый шаг. Почему? Откуда берёт начало неуверенность в себе, как вы думаете? Конечно, в основном из детства. Именно в детском возрасте человек наиболее внушаем, он учится, у родителей, братьев и сестёр, друзей, учителей. Не зря же многие психологи утверждают, что основное формирование характера и личности человека идёт до 5-7 лет, а далее может происходить процесс перевоспитания, что весьма сложно бывает порой.

Вспомните, говорили вам в детстве: «у тебя ничего не получится», «куда тебе», «не стоит и пробовать» и другие подобные фразы? Бывает достаточно одного раза и мыслеформа запечатлевается в подсознании надолго и попробуйте её оттуда вытащить! Вот почему родителям надо быть очень осторожными в оценках своих детей, почаще их хвалить, но за дело, чтобы не вырастить зазнайку. Хотя, по большому счёту, люди с завышенной самооценкой тоже в глубине души не уверены в себе, только защищаются от окружающего мира более агрессивно, чем те, у кого самооценка уж больно низкая.

Ну хорошо, а если родители просто не обращали внимания на ваши внутренние детские проблемы, не придавая им большого значения из-за некомпетентности или элементарной занятости? Окружающий детский или подростковый коллектив может тоже сильно влиять на психику личности. Особенно если она, личность, от природы не отличается лидерством. Дети, которым трудно и без того преодолевать барьер коммуникабельности, часто остаются вне так называемых «группировок», их не принимают и всячески стараются унизить. Проделывается это с целью поднять свой рейтинг за счёт других. Заполнить свою собственную внутреннюю пустоту путём «отнятия» энергии у слабых. Это один из способов борьбы с неуверенностью, только не честный.

Как побороть неуверенность в себе?

Запомните, все наши проблемы решаем только мы сами! Другие могут помочь, подсказать, направить, но решение действовать принимаем мы. И это осознание проблемы, а также определение действовать – самый первый и самый важный шаг в преодолении неуверенности.

«Только любовь к собственному телу, принятие его, забота о нём рождают совершенство и уверенность в себе» Лариса Ренар

Да, следует начать именно с тела. Материальная составляющая человека – самая ощутимая, видимая и общепринятая. Душа тоже уже признаётся как реальность, но сейчас мы о ней говорить не будем.

Наше тело отражает наше отношение к себе. Уже ни для кого не секрет, что часто мы «заедаем» свои страхи, депрессии и, конечно, неуверенность в себе. Сладкое, к примеру, действует на нас успокаивающе, на время «усыпляя» все проблемы. Или алкоголь – кто не испробовал его кратковременное действие «для храбрости»? Но не только еда играет с нами злую шутку. Нежелание двигаться, лень, безразличное отношение к собственному внешнему виду – вот составляющие критичности взгляда на себя. А если вы смотритесь в зеркало и видите то, что вам не нравится, откуда возьмётся уверенность, что вы достойны лучшего в этой жизни?!

Работайте с телом

Так вот и займитесь фитнесом, аэробикой, танцами, калланетикой, или тем, что вам больше по душе. Начните разговор со своим телом напрямую, приучите его к регулярности, относитесь к нему с уважением. И оно ответит вам тем же. Согласитесь, красивая фигура в скромном ситцевом платье всё равно смотрится шикарно!

А мужчинам в этом случае могу посоветовать заняться спортом или силовыми упражнениями. Женщины тоже оценивают мужчин по осанке и привлекательному телу…

Знаю, я говорю прописные истины, но иногда их следует повторять, чтобы быть услышанным.

Однако, чтобы побороть неуверенность в себе, не достаточно работать только с телом. Ведь все наши сомнения сидят глубоко в подсознании. А оно поддаётся воздействию гораздо сложнее. Здесь вам также потребуется время, регулярность и усердие. Работать придётся с мыслями, словами и внутренними ощущениями. Именно работать, только так можно достичь результата. Конечно, процесс этот должен приносить вам удовольствие, т.е. окраска эмоциями усиливает положительный результат.

Работайте с мыслями и словами

Установите контроль над тем, что вы говорите о себе, что думаете. Отслеживайте негативные мысли и тут же переключайтесь на позитив. Повторяйте аффирмации вслух и про себя. Например: «я полон уверенности в себе!», «у меня всё получается!», «я могу всё!», «для меня нет преград!» Я не зря поставила везде восклицательные знаки, ибо всё это надо восклицать! Это касается всего, в чём состоят ваши сомнения – будь то отношения с противоположным полом или вообще с незнакомыми людьми, неуверенность в работе или публичных выступлениях.

Попросите близких людей помочь вам отслеживать негативные высказывания в свой адрес. Наверняка вначале вы не всегда будете замечать свой пессимизм. Главное, чтобы во всём присутствовала доброжелательность.

Работайте с подсознанием

Проигрывайте внутренним восприятием ваши будущие успехи, привыкайте к ним уже сейчас. Подключайте при этом внутреннее зрение, звуки, запахи, представляйте прикосновения, испытуемые чувства. Чем больше эмоций вы сможете задействовать, тем лучше. Оптимальное место и время для этого – перед сном и после пробуждения в постели, когда вы расслаблены. Именно в таком состоянии мозг человека наиболее восприимчив и продуктивен. Это сходно с состоянием медитации.

Бойтесь и делайте!

Страх и неуверенность в себе – близнецы-братья. Как и мышцы, их можно тренировать. Начните с малого, сделайте что-то незначительно-пугающее вас. После этого оцените успех, похвалите себя. Запишите данное событие в дневник успеха, который можете завести. В следующий раз возьмите больший страх и снова повторите процедуру.

КАК ПРИРУЧИТЬ СВОЙ СТРАХ

 Приручение страха – казалось бы, безумная мысль! Ведь он не дикий зверёк, которого нам хочется погладить. Всё гораздо сложнее. Убежать от него невозможно. Значит надо идти вперёд. Делая шаги навстречу чему-то или кому-то, мы приближаем встречу. Но это в случае, если мы этого желаем, а как же быть со страхом?

Какой он бывает?

Известно, что страх присущ каждому человеку ещё с рождения. Он нужен для самозащиты. Что было бы с людьми, если бы они бесстрашно бросались со скал или шли навстречу разъярённому зверю? Несомненно, гибли. Значит боязнь опасности, боли, смерти имеет созидательный характер, так как запускает механизм самосохранения.

Но бывает другая сторона беспокойства, которая очень многолика, неожиданна и деструктивна. Её опасность заключается в том, что часто страх скрыт в подсознании человека и может проявлять себя в самый неподходящий или ответственный момент. Существует целое дерево классификации страхов. Чего только люди не боятся! От всем известных фобий до панического ужаса. Причём одни могут бояться темноты, другие наоборот – света, засухи – потопа, чистоты – грязи…. Да, порой фобия, вызывающая «выпрыгивание» сердца и капли холодного пота у одного, может вызвать лишь улыбку у другого. Настолько мы все разные! Но! Это и есть ключик, который открывает дверь навстречу страху – раз мой страх не пугает другого, значит и я его могу победить…

Где он «живёт»?

Как мы уже говорили в предыдущей статье «Как побороть неуверенность в себе», человек – это не только его тело. Разум и подсознание управляют этим телом. И оно является материальной частью людей, а также – исполнителем их воли, сознательной или подсознательной. Следовательно, все наши опасения находятся у нас в голове. Но сознательно вызвать у себя ужас вам вряд ли удастся. Отсюда вывод – страх живёт в подсознании. Тем он и опасен. Чтобы изменить установки, заложенные кем-то или чем-то в детстве, необходимы настойчивость и решимость. Решительность нужна для определения у себя разновидности беспокойства и принятия решения приручить страх. А настойчивость – для регулярных и целенаправленных действий.

Приручение страха начинается с его принятия

Давайте перейдём к практической стороне рассматриваемой проблемы. И самый первый шаг здесь – осознание, определение и принятие своего страха.

Внимательно прислушайтесь к себе, изучите у себя признаки, вызываемые паникой или боязнью чего-либо. Что вы наблюдаете в своём теле, какие физиологические изменения, как они проявляются? Попробуйте облечь своё беспокойство в определённый образ. Просто представьте свой страх живым или не живым существом. «Поговорите» с ним мысленно. Спросите, что ему от вас нужно, зачем он приходит. Постарайтесь подружиться.

Что бы мы ни рассматривали, существующее в природе или в нас самих, оно не может быть ни хорошим, ни плохим. Это деление придумали люди, и оно очень условное.

Так и со страхом. Он имеет право быть, он есть наша часть, часть нашей личности. И отрицать его бессмысленно. Загоняя его вглубь подсознания, мы делаем себе медвежью услугу. Потому как однажды он может вырваться оттуда и, завладев сознанием, ввергнет в панический ужас, когда самостоятельно человек может и не справиться.

И с другой стороны, признавая факт его существования, мы принимаем свой страх. А значит, можем научиться им управлять. Как? Как рукой или ногой. Или как мыслью. Тот, кто научился управлять своими мыслями, изменил мышление, поднимается на ступень выше в своём развитии. Осознавая природу страха, мы его приручаем, делаем шаг на встречу. А, как известно, зверь, чувствующий, что его не боятся, отступает…

КАК ИЗБАВИТЬСЯ ОТ ЧУВСТВА ВИНЫ

 Наша жизнь длинная и извилистая. Состоит из перекрестков, взлётов и падений, снова взлётов и снова падений.., полос – белых и чёрных. Но это только эмоциональный фон, наше отношение к происходящим событиям. Причины всего этого сокрыты глубоко в психике и у каждого они свои.

Одним из препятствий к счастливой полноценной жизни есть пресловутое чувство вины, которое в нас вырабатывают окружающие люди – родители, учителя, да и просто случайные встречные, пытающиеся обвинить нас в чём бы то ни было.

Откуда же оно берётся? Мы же не рождаемся с этим «пороком». Конечно, нет. Оно появляется незаметно, постепенно, причём часто под личиной заботливого воспитания, то есть в детстве или юности.

И снова все идёт из детства, скажете вы. Да, а откуда ещё?!

Дело в том, что маленькие дети восприимчивы как губки, впитывают в себя окружающую обстановку, психологический климат в семье. Если им многое позволяют, они чувствуют себя свободно и вольготно. Если же их держат в строгости, свобода ребёнка ограничивается, и он начинает оглядываться, прежде чем что-то сделать. Однако скрывать свои чувства под маской лицемерия дети ещё не умеют, поэтому взрослым видны как на ладони. Вспомните, как часто вы удивлялись в детстве, откуда взрослые узнали о ваших поступках, и даже мыслях или помыслах.

Строгость воспитания принуждает маленького человечка бояться делать то, что ему хочется, к чему испытывает влечение. Страх наказания опасен тем, что может вызвать желание обмануть, выкрутиться любой ценой. Или отказом от желаний и даже мечты. Если ребёнок всё же решается на поступок, а взрослые выказывают свое недовольство поведением малыша, но порицают не поведение, а саму личность, пусть и маленькую, очень велика вероятность возникновения чувства вины у неё, у этой личности. Строгие высказывания типа «ты плохой», «непослушный», «плохая девочка» и т.д. вызывают ощущение неполноценности, дискомфорта, а в итоге развивается закомплексованность и страх, что меня не будут любить. Именно этот страх лежит в основе чувства вины.

Как часто мы бросаем свои личные дела и бежим на помощь тому, кто требует к себе внимание. Конечно, помогать ближним – святое дело, но никак не в ущерб своей жизни. Но где находится эта грань? Как её уловить? Да просто прислушайтесь к голосу своей души – она довольна или сопротивляется? Самый точный индикатор нашего душевного состояния – внутренние ощущения. Если мы чувствуем нежелание выполнять какие-то действия, но не в силах отказать по каким-то причинам, скорее всего нами руководит чувство вины и страх, что вот если я этого не сделаю, на меня обидятся, меня перестанут уважать, доверять, ценить и …. любить.

А разве любят за что-то, за внешность или поступки? Разве мать любит дитя за то, что оно красивое или послушное? Да она любит его безусловной любовью – просто за то, что этот ребёнок есть.

Постарайтесь это осознать. То, что вы боитесь потерять любовь и уважение людей, значащих для вас многое, будь то родитель или начальник, не важно. Осознание и признание своего состояния – первый и очень важный шаг на пути освобождения. В данном случае от чувства вины. И требуется смелость на этот шаг.

Если вы решились и признались сами себе в своём страхе, я вас поздравляю. Но это ещё не всё. Да, вы признали, что он есть, живёт в вас и отравляет вашу жизнь. Но как с ним справиться? Бороться бесполезно. То, что мы отталкиваем, лишь приближается. То, что пытаемся уменьшить, растёт неконтролируемо.

Дружбу водить с «врагом» можно. Но приведёт ли этот путь к победе, трудно сказать. Лучший способ – переключить внимание. Постарайтесь понять, что ваша жизнь – это лишь ваша жизнь, и жизнь каждого человека принадлежит лишь ему. Нельзя проживать жизнь за другого, в волнениях и переживаниях. Каждому даётся то, что он заслуживает, благодаря своим мыслям, поступкам, внутреннему миру. У каждого из нас свой мир, своя вселенная, мы лишь взаимодействуем друг с другом, потому что живём все вместе. И каждый отвечает лишь за себя. Никто не будет отвечать за вас. И с вас никто не спросит за других.

Перед Богом мы одиноки и обнажены

Так почему же вы мучаетесь угрызениями совести перед кем-то? Отдайте свой долг сполна, сбросьте эту ношу и вздохните свободно. А для этого помогите человеку, который просит о помощи, но не с тяжестью на сердце, а от души, потому что вам это нравится. Остановите нарастающую злость словами самому себе – «Стоп! Я это сделаю, но не потому, что я обязан(а), а потому, что так хочу я!» Торжество самоудовлетворения затмит и злость, и негодование, и страх. А если чувствуете, что кто-то наглеет, наберитесь смелости и скажите – нет, мягко, но твёрдо. Это тоже победа, кстати.

ПСИХОЛОГИЧЕСКИЕ МАНИПУЛЯЦИИ.

КАК ПРОТИВОСТОЯТЬ МАНИПУЛЯЦИИ

 Психологические манипуляции представляют собой приёмы получения необходимых решений или действий от жертвы, путём внедрения в её психику установок различными отвлекающими приёмами со стороны манипулятора.

«Главная составляющая любви: помогать другим быть самим собой. Если ты стремишься заставлять и манипулировать, то любви в тебе нет» Ошо

Психологические манипуляции в жизни людей

Дело в том, что люди очень многогранны, по генетическим составляющим, чертам характера, особенностям психики. Но устроены так, что все поддаются влиянию на эту самую психику, на подсознание, разве что в разной степени. И это используют как в лечебных целях врачи психотерапевты и психиатры, так и опытные мошенники и гипнотизёры. Из этого следует, что манипулирование сознанием человека может использоваться как ему во благо, так и во вред.

В пределах данной статьи мы не будем рассматривать научные приёмы воздействия на подсознание человека. Нас больше интересуют «бытовые» манипуляции в отношениях людей, цели и методы их использования с одной стороны, а также – защиты от подобных манипуляторов. Ведь знать хотя бы самые распространенные приёмы – это уже половина дела.

Кто применяет психологические манипуляции?

Манипулировать могут все, начиная с маленьких детей и заканчивая глубокими гипнотическими экспериментами опытных экстрасенсов. Причём проходит это на подсознательном уровне и гораздо чаще, чем вы можете себе представить.

Женщины манипулируют мужчинами, с целью получить от них желаемое, в виде подарков, помощи по хозяйству, женитьбы, и всего того, чего желают женщины. А их желания могут быть безграничны…

Мужчины манипулируют женщинами, склоняя их к интимной связи, отстраняясь от хозяйственных дел, подчиняя их своей воле.

Дети командуют родителями, требуя своего криками и плачем в младенчестве, упрямством, «болезнями», ревностью, протестами и угрозами в подростковом возрасте.

Родители повелевают детьми, осуществляя тотальный контроль, требуя чёткого выполнения указаний; притворяясь больными, привлекают к себе внимание.

Учителя манипулируют детьми, формируя в них навыки коммуникабельности, степень способности к обучению и саморазвитию.

Телевидение, всевозможная реклама, газеты и все остальные СМИ оказывают очень сильное влияние на психику людей, программируя их в нужном им направлении, «пичкая» негативными новостями, приправленными агрессией и безысходностью. В результате люди начинают думать так, как их запрограммировали, сами того не замечая, но ворча на всех и вся.

Мошенники пользуются доверчивостью людей, обманом добиваясь наживы.

Религия манипулирует верующими, устрашая муками ада и обещая райскую жизнь, с целью добиться повиновения и преклонения.

Государство манипулирует своим народом, используя все рычаги власти с той же целью – повиновение.

Создаётся впечатление, что нас все используют в своих целях, всеми правдами и неправдами добиваются от нас нужных им действий…. Но это не совсем так. Когда человек осознан, его трудно заставить делать то, чего он не хочет.

Как противостоять манипуляции?

Если вы чувствуете, что вами могут манипулировать, следует быть внимательнее, и пытайтесь предугадать ход мысли вашего собеседника. Старайтесь выделить главную его цель, не отвлекайтесь на уловки, чтобы не потерять основную нить. Будьте готовы отказать в его просьбе, если вам не понравится то, что вам предложат. Просьба будет скорее всего представлена в скрытой форме, именно поэтому следует быть вдвойне внимательнее. Ведь опытный манипулятор обычно запутывает свою жертву, с целью ослабить её бдительность, а затем лёгким «нажатием» просит срочно принять решение, не давая жертве опомниться.

Поэтому никогда не принимайте решение не обдуманно, здесь и сейчас. Найдите способ отложить принятие решения. Помните, никто не может вас заставить!

Переспрашивайте, задавайте встречные вопросы, притворитесь, что вы не понимаете, чего от вас хотят. Не рассказывайте о себе лишней информации, ибо бывалый манипулятор может использовать полученные сведения против вас.

Не давайте сбить себя с толку потоком отвлекающих вопросов.

Не спешите жалеть «несчастных». Если о своей «неудавшейся» жизни собеседник рассказывает очень пафосно, стараясь вызвать в вас жалость, можете посочувствовать, но не более.

Не поддавайтесь изысканной лести, лишний раз усомнитесь в искренности потока комплиментов. Особенно если они не соответствуют действительности.

Относитесь настороженно к внезапно возникшей общности интересов, к нарочито подчёркнутой интеллигентности, аккуратности и другим превосходствам.

Сократите время просмотра телепередач с криминальным и вообще негативным уклоном, а ещё лучше отказаться от телевидения вообще. На первый взгляд это кажется невозможным, но это только на первый взгляд. Во всяком случае, решение принимаете только вы!

По поводу мошенников могу сказать одно – доверяйте только проверенным организациям, людям и своей интуиции.

Однозначно, не следует быть слишком подозрительным ко всем людям, но быть осознанным, чтобы противостоять манипуляции, в любой момент суметь оценить ситуацию как бы со стороны, вы обязаны.

«Безопасные» психологические манипуляции

«Если поведение настоящей женщины вычистить от манипуляций, не останется женщины. И огорчены от этого будут в первую очередь – мужчины» Оксана Сергеева

Женские манипуляции мужчинами – это особый вид женских хитростей, когда последние не замечают, что поддались влиянию слабого пола, но при этом никак не чувствуют себя ущербными.

Так уж мы устроены, что порой без манипуляций просто не можем обойтись, без них жизнь становится безрадостной. Поцелуй, похвала, лёгкое прикосновение или просто улыбка обезоруживают нас и мы не в состоянии отказать в просьбе ребёнку, любимой, близкому человеку или даже прохожему. Испытывая приятное чувство удовлетворения от подаренной кому-то маленькой радости, мы не задумываемся о том, что возможно нами манипулировали.

КАК ПРОТИВОСТОЯТЬ ВЕРБАЛЬНОЙ АГРЕССИИ

 Вербальная агрессия встречается, к сожалению, в нашем обществе довольно часто. Что же это такое? Слово «агрессия» говорит само за себя. Агрессия, какая бы она ни была, — это деструктивное, разрушающее явление. Слово «вербальная» означает, что она не явная, не физическая, а проявленная в психологическом плане, на уровне общения людей. В целом вербальная агрессия – это стремление одного или нескольких людей обесценить и унизить чувства, достижения, достоинства другого (других), осуждение и критика, гневные выпады в отношении более слабого партнёра, отказ в моральной поддержке.

Какая бывает вербальная агрессия?

Вам нагрубили в транспорте, ответили некорректно по телефону, восприняли недоброжелательно ваше замечание, обслужили в магазине с недовольным лицом? Считайте, вы стали жертвой вербального насилия. И в результате у вас испорчено настроение, вы ощущаете подавленность, неприятный осадок в душе. Кроме того, у вас может появиться обида на агрессора, возмущение, гнев и даже ответная агрессия. Если поддаться всем этим проявлениям чувств, может возникнуть конфликт, который не сулит вам лично ничего хорошего. Если же затаить в душе все свои возникшие негативные чувства, не дав им выплеснуться на обидчика, они могут начать разрушать вас изнутри, что также не есть хорошо.

Рассмотрим другую ситуацию. Двое близких людей тесно контактируют друг с другом, один из которых явно выражает своё превосходство, подавляя психику другого. Агрессор при этом может вести себя осознанно или неосознанно. То есть он может даже не понимать, что наносит психологическую травму любимому человеку. Или делает это намеренно, желая добиться подчинения от жертвы. При этом он может действовать вызывающе, агрессивно, свысока показывая своё мнимое превосходство. Или же мягко, из-под тишка, подсмеиваясь над достоинствами и достижениями другого. Может идти в ход намеренное снижение самооценки жертвы в виде замечаний типа «куда тебе», «не дорос», «кто, кто — только не ты» и т.д.

Вербальными агрессорами могут выступать как родители по отношению к детям, пока те поддаются влиянию. Так и дети по отношению к родителям, когда последние становятся слабее, прежде всего психологически. Нефизическое насилие часто имеет место и между супругами. Причём, совершенно нет никакой зависимости от пола. Так как вербальными агрессорами могут быть как мужчины, так и женщины.

В чём опасность вербальной агрессии?

Самая большая опасность в любом насилии состоит в подавлении воли человека, нарушении его свободы, навязывании ему чужого мнения. Если это одноразовый акт, то жертва получает дозу негатива, с которым вполне может справиться. Если негативный опыт повторяется с некоторой периодичностью, он накапливается и накладывает отпечаток на черты характера человека.

Снижается самооценка и появляется неуверенность в своих силах. Вырастают комплексы, т.е. он начинает действительно верить, что с ним что-то не так. Если вовремя не принять меры, комплекс жертвы усиливается. Она старается изменить своё поведение, пытается стать лучше, чтобы избежать дальнейшего подавления и неодобрения со стороны агрессора. Однако всё это не приносит результата. Потому что дело не в жертве, а в том самом зложелателе.

Кроме того, вербальная агрессия граничит с физической. Чаще всего постепенно одна переходит в другую. Не получая отпора, манипулятор постепенно смелеет в своих действиях и вскоре уже не стесняется ни в выражениях, ни в поступках. Противостоять же ему жертве становится всё труднее и труднее. Так как, подвергаясь длительному психологическому негативному воздействию, она теряет контроль над своей жизнью, подчиняясь практически полностью воле агрессора. Оба персонажа попадают в замкнутый круг, вырваться из которого трудно обоим.

Однако из любой ситуации всегда есть выход!

Как противостоять вербальной агрессии?

Запомните – каждый человек сам отвечает за свою жизнь! Мы все получаем то, что заслуживаем. И если вы стали жертвой вербальной агрессии, значит своими мыслями и действиями способствовали этому, или не препятствовали. Осознайте, что не следует надеяться на кого-то, кто придёт и сделает всё за вас. Это осознание называется принятием ответственности за свою жизнь на себя. И оно есть самым первым шагом на пути освобождения.

Если вам испортили настроение по дороге на работу или в другой ситуации, не спешите обвинять обидчиков, попробуйте им улыбнуться в ответ на наглость, грубость или недоброжелательность. Или просто «не заметить». Этот совет может показаться вам глупым, но вы попробуйте и увидите необычную реакцию! Главное — не пускать поток негатива в своё личное пространство. Для этого можно мысленно окружить себя защитным щитом или стоит быть внутренне расслабленным и спокойным. Ведь, как известно, счастливые и уравновешенные люди не замечают негатива, потому как настроены на другую длину волны.

Однако не всегда мы можем взять себя в руки, чтобы не поддаться соблазну ответить грубостью на грубость, хамством на хамство. Что делать в таких случаях? В первую очередь, не стоит заниматься самоедством и обвинять себя в несдержанности. Скажите себе: «Я поступил (а) так, потому что не знал (а) в тот момент, как поступить иначе! В следующий раз я буду осмотрительнее и не позволю себе опуститься до уровня хама» Такая мысль позволит вам скорее успокоиться и оставить ситуацию в прошлом.

А теперь поговорим о более серьёзных формах вербальной агрессии. Если в семье имеет место насилие, ни в коем случае нельзя оставлять всё как есть, в надежде, что всё как-нибудь само образуется! Наша жизнь дана нам совсем не для того, чтобы мы её проживали в недовольстве, подавленности и жалости к самому себе. И только мы можем изменить ситуацию.

При первых же признаках проявления неуважения в свой адрес пресекайте любые попытки. Мягко, корректно, но настойчиво. Ни в коем случае не отступайте от своих слов. Даже если в вашей семье вербальное насилие уже вошло в привычку, никогда не поздно изменить ситуацию. Решитесь и дайте отпор тирану. Он непременно опешит от не стандартной реакции. А вы в это время воспользуйтесь моментом и более спокойно, но не менее настойчиво подтвердите серьёзность своих намерений.

Если же ситуация выходит из-под контроля, примите решение и поставьте точку в таких отношениях. Вы имеете право на лучшую жизнь по праву своего рождения! Ваши дети достойны жить в спокойной обстановке. Ведь детская психика наиболее ранима и очень страдает от вербальной агрессии. В дальнейшем из таких детей могут вырасти люди с комплексом неполноценности и неуверенные в себе. А главное, внимая опыт родителей, как единственный и потому наиболее верный в их понимании, они перенесут его в свою семью, сознательно или подсознательно страдая от себя же самих.

Жизнь быстротечна, поэтому живите каждый её день в радости и согласии с собой! Как это сделать? Да просто примите решение отныне и навсегда придерживаться этого принципа, и неуклонно следуйте этому решению! И у вас всё получится!

КАК ПОБОРОТЬ РЕВНОСТЬ. ПРИЗНАКИ РЕВНОСТИ

«Тот, кто ревнует, на самом деле сомневается не в любимом человеке, а в самом себе»   Оноре де Бальзак

Вы испытываете признаки ревности и не знаете, как её побороть? Или вас досаждает своим недоверием любимый человек? Знайте – безвыходных ситуаций не бывает, выход есть всегда! Только надо приложить усилия и его найти.

Самое распространённое заблуждение о ревности: ревнует, значит любит. Но так ли это на самом деле? Давайте разберёмся, что означает это пресловутое определение.

Ревность с точки зрения психологии

Ревность – это негативное чувство, испытуемое одним человеком по отношению к другому, если тот другой не достаточно уделяет ему внимания, нежности, любви. Прежде всего – негативное, а значит разрушающее, чувство! И разрушает оно всё, что есть у людей: любовь, уважение, взаимопонимание, семью, наконец.

Ревность порождается страхом, что меня не любят, или не достаточно любят, что в принципе одно и то же. А этот страх исходит от эгоизма. Ведь ослеплённый человек даже не задумывается, в какой кошмар погружает жизнь своей жертвы, осуществляя тотальный контроль над всеми её действиями, манипулируя и грубо нарушая личное пространство человека. Кроме того, очень часто гордыня не позволяет ему признать свою неправоту. Гораздо легче обвинить в своих неудачах других. Но как раз это и есть отсутствие ответственности за свою жизнь, перекладывание вины на других. «Я сомневаюсь в тебе, потому что не уверен в себе»

Как видим, ревнивость сродни наиболее тяжким порокам людей.

Очень часто она не имеет под собой оснований. Человек видит то, что хочет видеть, и из невинных поступков может «вырасти» целая серия несуществующих измен.

Признаки ревности

В любых отношениях участвуют, как минимум, двое. Один может ревновать, второму не доверяют. Кто имеет преимущество? Никто! Плохо всем!

В чём же проявляется поведение ревнующего человека? Сначала у него зарождается где-то внутри неприятное щемящее чувство дискомфорта. Постепенно оно растёт и затуманивает мысли – появляются подозрения, возникают вопросы. Если вовремя не осознать причины своих сомнений и не остановиться, подозрительность нарастает, и ревнивец начинает искать «доказательства» неверности супруга или супруги. Проверка звонков и смс в телефоне, карманов одежды и сумок, визиты на странички в социальных сетях – вот далеко не полный перечень действий ревнивца.

Затем – поток подробных вопросов с требованием не менее основательных ответов, возможна слежка, скандалы, домашние и публичные.

Или же отказ в общении, ласке, замыкание в себе и самонакручивание.

Ещё один вариант развития событий – разгул, со всеми вытекающими последствиями.

Очень часто люди, особенно мужчины, считают другого человека, который находится рядом, своей собственностью. Будь то жена, муж, девушка или парень. И даже дети могут участвовать в этой трагедии. Именно чувство собственника позволяет им проявлять агрессию, и даже насилие.

Всё это – признаки ревности. Ревнующий человек сам выдаёт себя своей подозрительностью, недоверием, придирчивостью. Можно сказать одно – он страдает. Но ничуть не меньше страдают от его действий другие люди.. И поиск решения касается обоих.

Как побороть ревность?

«А меня Господь Бог наградил тем, что я не знаю и не понимаю, что такое это — ревность» Ада Роговцева

Ревность исчезает, когда люди меняют своё мировосприятие, поворачиваются друг к другу лицом, начинают доверять. Без доверия нет любви. А без любви нет доверия.

Чтобы побороть ревность, прежде всего надо разбудить себя, проснуться, взглянуть на себя со стороны. Спросить себя: «Что со мной? Что я делаю? Как я могу опускаться так низко?» Не доверяя близкому человеку, мы не доверяем себе, а значит, не доверяем той силе, которая помогла нам найти друг друга в океане людей, соединила наши судьбы, давая возможность «прорасти» друг в друга. Именно «прорасти»! Попробуйте разорвать эти невидимые нити, называемые чувствами. Будет больно, невыносимо больно! То же самое мы делаем своей ревнивостью, только медленно и с «наслаждением»…

Поговорите со своей половинкой откровенно. Очень часто люди страдают от недостатка общения, от того, что перестают обсуждать общие проблемы и проблемы каждого. А ведь известно, что любую ситуацию легче пережить, проговаривая её. Женщины хоть как-то выходят из положения в разговорах с подругами, а вот мужчинам в этом отношении вообще сложно. Они от природы немногословны, за некоторыми исключениями, конечно. Но здесь не тот случай – откровенный разговор может прояснить ситуацию, а замалчивание наоборот – усугубит её и продлит страдания.

Переключите свой интерес с предмета подозрений и переживаний на более приятные вещи. Займитесь любимым делом. Такое переключение полезно в любых критических состояниях. Потому что проигрывание в мыслях устрашающих сценариев, накручивание себя ни к чему хорошему никогда не приводит. А отвлекаясь, мы переносим своё внимание и поток энергии на любимое занятие или увлечение. Возможно получив таким образом заряд позитива, вы проснётесь утром и почувствуете, как вы соскучились по ласкам близкого человека...

Ну а если нет, оглянитесь вокруг, возможно ваши чувства прошли и ревность вызвана всего лишь привычкой и опять же, чувством собственности? Может пришла пора отпустить и не мучить друг друга? Чтобы признаться себе в этом и принять решение, нужна смелость. Но никто этого не сделает за вас. А если сделает, вам может быть ещё больней.

Воспитывайте в себе доверие. Саморазвитие продолжается всю жизнь. Никогда не поздно начинать меняться. Человек, который заявляет: «Я такой есть и ничего не могу с собой поделать» признаётся в собственной слабости. А как только вы примете решение изменить свою жизнь, способы, методы и пути найдутся сами собой. Они и будут ответами на вопрос как побороть ревность...

ПСИХОЛОГИЯ ЗАВИСИМОСТИ. КАК ПОБОРОТЬ ЗАВИСИМОСТЬ ОТ ЧЕГО-ЛИБО

 Как часто бывает, что человек живёт «на автомате», машинально выполняя какие-то действия, потому что «так надо». Правда кому надо и кто это определил, сам человек затрудняется объяснить. Мы встаём по звонку будильника, умываемся, одеваемся, завтракаем, спешим на работу – и всё это делаем машинально, не задумываясь, т.е. неосознанно. Это всё – выработанные привычки, облегчающие в какой-то степени нашу жизнь. Но безобидные привычки имеют свойство иногда перерастать в зависимости.

Психология зависимости

Зависимости, или зацепки, бывают самые различные. Мы можем зависеть от еды, установив её культ и потребляя неконтролируемое количество, что приводит к ожирению. Или зависеть от конкретного человека, слепо «любя» его и проводя в страданиях дни и ночи, в то время, когда вокруг кипит жизнь и мелькают тысячи таких же мужчин или женщин. В последнее время стала распространяться зависимость от компьютерных игр, заставляя человека растворяться в виртуальном мире, в мире иллюзий и неограниченных возможностей. Очень многие зависят от красного огонька зажжённой сигареты, сладко вдыхая ядовитый дым и получая от этого удовольствие. Гораздо опаснее зависимости от алкоголя и наркотиков, но это уже конкретная патология, где без врачебной помощи и не обойтись.

Хотя природа зависимости в данных примерах различна, у них есть одна общая особенность – навязчивая потребность в определённом виде деятельности, без которой человек не мыслит своё существование. Чаще всего эта потребность психологического плана. То есть создаются определённые цепочки связей, разрыв которых представляется человеку катастрофой. Его внимание концентрируется в определённой точке или диапазоне, совершенно отключая кругозор. Сила воли прячется под толстым слоем желаний и удовлетворения потребностей.

Смиряясь, таким образом, с положением вещей, человек потворствует своей прихоти, напрочь отказываясь оглянуться вокруг и увидеть другую сторону мира.

Все попытки окружающих «разбудить» «спящего» оказываются совершенно тщетными. Насильственно заставить его отказаться от мнимого комфорта невозможно.

Так как же бороться с зависимостью?

Со своими проблемами человек обязан справляться сам, за него никто не сможет этого сделать. Прежде всего — он должен этого хотеть. Если он осознаёт свою зависимость от чего-либо, в его сознании происходит прозрение. И это первый этап. Кстати, очень важный. Прозрение ведёт к осознанию, т.е. пониманию ситуации и затем — к её принятию. Бежать от себя бесполезно. Убежать можно от чего угодно, только не от себя. А посмотреть правде в глаза болезненно, но, повторюсь, очень важно.

И вот теперь ни в коем случае нельзя дать себе скатиться к обвинению, ни кого-либо, ни, тем более, себя. И жалость к себе не принесёт пользы. Ибо осуждение и жалость — две стороны одной медали. Гораздо полезнее и эффективнее будет принять решение изменить ситуацию. Но не поверхностно, под давлением окружающих, а в глубине своей души. Искренне и решительно.

Следующим этапом может быть принятие помощи. От близких людей, друзей, врачей, Бога. Поддержка со стороны очень важна и порой просто необходима. Поддержка и понимание. Гораздо легче побороть зависимость в группе единомышленников, когда есть с кем поделиться и спросить совета.

Очень важна вера в себя, в свои силы. Вряд ли у кого получалось с первого раза справиться с ситуацией, обычно случаются рецидивы. Но не стоит пугаться их, лучше воспринимать возврат назад временным явлением и лишь минутной слабостью. Снова продолжать движение вперёд к своей цели. А освобождение от рабства зависимостей – достойная цель. Когда человек целеустремлён, у него всё получается. Будь то победа в спорте, изменение внешности или отказ от курения.

Я не даю сейчас конкретных рецептов, а лишь указываю направление движения тому, кто в этом нуждается. Создав должный психологический настрой, можно открыть в себе колоссальные способности. И каждый может это сделать, если поймёт, как работает психология зависимости.

КАК ПРИВИТЬ ПРИВЫЧКУ

 Всевозможные привычки составляют часть нашей жизни. Хотим мы этого или не хотим, но мы зависим от них. Поэтому порой задаёмся вопросом – как привить привычку, ту или иную? Например, вовремя ложиться спать, или по утрам делать зарядку, или избавиться от слова-паразита. Да мало ли есть на свете всего, от чего бы мы хотели убежать, и что приобрести нового и полезного на наш взгляд. Полезность в данном случае понятие относительное, т.к. то, что один человек хотел бы делать, другой ни в коем разе не хочет иметь в своём арсенале повседневных действий.

Что такое привычка

Прежде всего, давайте разберёмся с самим понятием «привычка». Что же это такое? А это – способ поведения человека, доведённый до автоматизма, когда он не мыслит о других вариантах действий. Причём всё это сопровождается эмоциональным комфортом, не смотря на то, что сам человек может считать эту привычку пагубной для себя. Так, многие курят и не могут от этого отказаться. В данном случае привычка переросла в зависимость, о чём мы поговорим в следующий раз. А вот включать телевизор, едва открыв глаза, или есть на ходу, разбрасывать одежду по комнате и т.д. – это элементарные привычки, выработанные в процессе жизни человека. Чаще всего они являются повторением стереотипов поведения родителей, т.к. с самого детства дети слепо повторяют то, что делает мама или папа. А также дедушки, бабушки и другие близкие люди. И не следует думать, что воспитательный процесс проходит лишь в периоды назидательных лекций и моралей, как часто наивно полагают родители. Вовсе нет. Восприятие детьми слов и действий последних, гораздо больше оказывает влияния на подрастающую молодёжь.

Вот почему борьба с вредными привычками сына или дочери у старшего поколения должна начинаться с трезвой оценки своего поведения. И справиться с этим человек может только сам.

Борьба с вредными привычками

Сила привычки велика, и бороться с нею бывает трудно. Да и не надо! Дело в том, что то, чему мы уделяем повышенное внимание, имеет свойство увеличиваться и разрастаться. Ведь мы направляем туда свою внутреннюю энергию, которая преобразуется именно в то, от чего мы пытаемся избавиться.

Поэтому, если вы твёрдо решили отказаться от ненужной вам привычки, перестаньте на ней зацикливаться. Любая «борьба» будет излишня и не принесёт результата. Гораздо эффективнее будет замещение «вредной» привычки «полезной».

Как привить привычку?

Если, например, вы больше не желаете опаздывать на работу и бежать за отъезжающим транспортом, начните приучать себя вставать на 5-10 минут раньше и не расслабляться во время сборов. Переведите часы на 5 минут вперёд и «забудьте» об этом. Повторяйте себе под нос, что вы очень дисциплинированы и всегда везде успеваете. Постоянно помните о своём решении. Или попросите близких людей мягко напоминать вам об этом.

Считается, что формирование привычки происходит в течение 21-28 дней. То есть, всего три-четыре недели, изо дня в день повторяйте нужные вам действия, не позволяя себе расслабиться. Неужели вы слабее какой-то там привычки?! Конечно же, нет! Признать поражение и остаться «рабом» может позволить себе только слабый, но это не про нас…

Любое действие начинается с мысли. Поэтому мыслите правильно. Думайте, что у вас всё получится.

Есть поговорка:

Посеешь мысль – пожнёшь поступок.

Посеешь поступок – пожнёшь привычку.

Посеешь привычку – пожнёшь характер.

Посеешь характер – пожнёшь судьбу.

Именно так следует относиться к своей жизни – мысли, поступки, привычки выбирать для себя самые лучшие. Тогда и характер, и судьба вас будут устраивать. Чего я вам от души желаю.

КАК ПЕРЕЖИТЬ РАЗРЫВ ОТНОШЕНИЙ

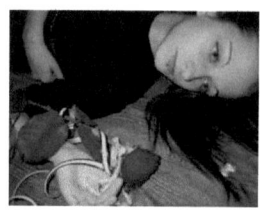 Как пережить разрыв отношений? Ведь это практически всегда очень болезненно. И пусть вы почувствовали облегчение после окончания надоевших скандалов, или находитесь в отчаянии от того, что вас бросили, предали, это всё равно как вырывать из души дерево с корнем.... Ведь каждый из нас живёт отдельно взятой единицей, но тесно связан невидимыми энергетическими нитями со всеми окружающими людьми. Только те, с кем мы едва знакомы, оказывают слабое влияние на нас. А те люди, кто живёт рядом, потому и считаются близкими, что их влияние на нас на тонком плане непосредственно, т.е. близко. Мы же, в ответ, точно так же влияем на них. Своими мыслями, словами, поступками, заботой, переживаниями. Это влияние мы ощущаем, но не всегда осознаём. И чем дольше мы живём рядом, тем плотнее переплетаются нити наших связей. Что же происходит, когда эти связи безжалостно рвутся?

Что такое разрыв отношений?

Бывает так, что мужчина и женщина после совместного проживания вместе просто разъезжаются в разные места. Так складываются обстоятельства. Боль от расставания не менее сильная, но другая. Отношения изменяются чисто внешне, но не по сути. В таких условиях проверяются чувства. Если они сильные, в разлуке только усиливаются, если были шаткие, могут постепенно сойти на нет.

В других случаях люди начинают осознавать, что им стало неинтересно вдвоём, скучно, прошли чувства и не осталось ничего общего. Они могут мирно договориться о прекращении отношений. Если решение обоюдное, энергетические нити постепенно истончаются и неприятное чувство где-то внутри стихает вскоре.

Но часто ли так бывает, что двое одинаково готовы к разрыву? Тот партнёр, кто был сильнее привязан и слабее духовно однозначно ощущает себя жертвой и впадает в отчаяние. А если это для него произошло неожиданно, то и вообще подобно катастрофе. Хотя, по большому счёту, ничего и никогда не происходит просто так, всё закономерно. И если бы он или она были более внимательны и наблюдательны, то наверняка почуяли бы неладное задолго до самого разрыва отношений.

Как пережить разрыв отношений и облегчить боль ?

Твой огонёк внутри угас.
И я сама его задула…
Но кто поймёт меня сейчас?
Услышит сердца плач?…

Уснула б я на год, другой…
А жизнь пускай идёт, но мимо…
Когда осеннею порой проснусь,
А сердце уж остыло.

Мне станет легче на душе,
И я забуду всё, что было…

Так писала я, когда мне было больно... Если это произошло и с вами, помните – это ещё не конец. Жизнь не заканчивается в конце каких-то одних отношений. Всё постоянно меняется, вся окружающая природа, сам человек. И, конечно же, его окружение, переживания, чувства, даже черты характера могут меняться. Прекрасно, если чувства проходят через всю жизнь и не исчезают. Но если этого не произошло, тоже ничего страшного.

Первое время после разрыва отношений человек страдает психологически, что влечёт за собой физическое подавленное состояние. Жизненный тонус падает, сопротивляемость организма – тоже. Психическая неуравновешенность не лучшим образом влияет на близких. Если есть дети, положение ещё более усугубляется. Очень важно сдержать себя и не выливать тонны грязи на бывшего супруга или супругу, особенно в присутствии детей. Вам, несомненно, очень больно, но детям ещё больнее.

Если вы испытываете желание высказаться, выплакаться, сделайте это! Только с тем человеком, кто может выслушать, посочувствовать, поддержать. Ведь в данном случае поддержка очень важна. Помогает снять стресс и физическая разрядка – поколотите подушки, покричите в поле или лесу (чтобы не перепугать соседей), побегайте в парке или в спортзале. Выбрасываемая при этом энергия «вытягивает» заодно и негатив. После таких упражнений вы почувствуете физическую усталость и моральное облегчение.

Теперь можно двигаться дальше

Вспомните, чем вы мечтали заниматься в детстве или когда-то раньше, но не могли из-за постоянной занятости, неуместности или просто лени. Сейчас самый подходящий момент осуществить или приблизить свою мечту. Займите себя делом. Сделайте другую причёску, купите новое платье, сходите на футбол, организуйте себе отпуск или просто уик-энд на природе с друзьями. Заведите домашнего любимца и отдавайте ему ту нерастраченную любовь, которая копится в вашей душе. Делайте что-нибудь! Только не жалейте себя и не прокручивайте в мыслях прошлое! Это опасно ещё и тем, что ваша драгоценная энергия утекает вместе с навязчивыми мыслями, а вы в это время слабеете духовно.

Будьте открыты для общения, знакомьтесь с новыми людьми, заводите новые или обновите старые знакомства. Общение с приятными вам людьми заполнит образовавшиеся «дыры» в вашей энергетической оболочке.

Попробуйте сеансы медитаций. Расслабление очень благотворно влияет на состояние организма любого из нас. Ведь разрыв отношений, который вы пережили, есть стресс. А это длительное напряжение мышц, органов, психики. Организм после нагрузки обычно требует отдыха. Сон в данном случае не всегда может помочь. Медитация не такая уже сложная вещь и доступна каждому. Скачайте музыку для релаксации. Устройтесь удобно сидя или лёжа.

Включите музыку, настройтесь на приятную волну и представляйте себе безмятежные картины, можно из детства, или из мечты. Войдите в них, вживитесь в образ. Постарайтесь максимально расслабиться. Даже пять-десять минут будет достаточно для начала. После этого вы почувствуйте себя намного легче. Попробуйте!

Если вы чувствуете внутреннюю пустоту, её надо заполнить. Поможет здесь любимое занятие, приятное общение с природой и людьми. Всё то, о чём мы говорили выше.

Какие выводы надо сделать

Если вы ищете ответ на вопрос как пережить разрыв отношений, обязательно учтите одну важную вещь. Необходимо проанализировать ваши, теперь уже бывшие, отношения с партнёром и сделать вывод, чтобы не повторять прошлых ошибок и снова не наступить на те же самые грабли.

Задайте себе вопрос – что я делал (а) не так? Если вы женщина, были ли вы достаточно женственны? Если мужчина, всегда ли вы проявляли заботу о своей любимой? Хорошо почитать психологическую литературу, где вам расскажут, что и как нужно делать, а чего категорически нельзя. Могу посоветовать авторов – Наталия Правдина, Оксана Дуплякина. Да и вообще, стоит задуматься о своих жизненных ценностях, потому как именно от них зависит наше отношение к жизни, к противоположному полу. Если вы считаете: почему я должен (должна)?.. пусть сначала он (она) делает то-то и то-то!.. значит причина ваших неудач в вас самих. Только мы ответственны за то, что с нами происходит. Это очень важно понять. Вы или смиряетесь со своей участью, или действуете.

И, конечно же, знайте — после любого, даже самого тяжёлого разрыва отношений – жизнь продолжается! Где-то в мире живёт человек, которого вы обязательно встретите, в нужное время и в нужном месте. Верьте и это обязательно случится!

КАК УБЕРЕЧЬСЯ ОТ РАЗОЧАРОВАНИЯ

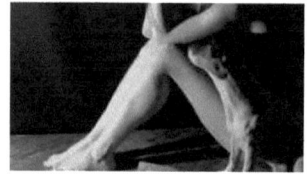 Перебирая старые свои записи, вдруг наткнулась на стих, который написала несколько лет назад, под впечатлением сильных чувств, которые были грубо растоптаны мужским ботинком…

Бредя во мраке мыслей, чувств,
Зашла на огонёк случайно…
Слова сорвались с твоих уст,
Задев струну мою нечаянно.

И отозвавшись в унисон,
Запели вдруг одну мелодию

Две одинокие души,
Слились по страсти и подобию.

Но разделяют нас дожди,
Границы, страны, расстояния…
Сказал ты просто — подожди!
Завоевав моё внимание.

И потекли неспешно дни
Надежды, веры, ожидания.
То мучают меня они,
То пробуждают вновь желания…

Прошла так осень и зима.
Пришла весна. А Санта Клаус

По-прежнему манит меня,
В мечтах Снегурочки «купаясь»…

Жду своего я Журавля,

А по рукам снуют Синицы…

Который месяц жду тебя!
Бывает, по ночам не спится,

И мучает меня вопрос:
Когда же встретимся с тобою?
И ты войдёшь с букетом роз.....?
Пусть это будет всё ВЕСНОЮ!!!!

Как часто мы сталкиваемся с разочарованием. Разочарование в любви, в мужчинах, в женщинах, в людях вообще, в жизни. Это ранит душу, нанося ей кровоточащие раны. Они, конечно, со временем затягиваются, но рубцуются. И, глядишь, к концу жизни сердце уже всё в рубцах, очерствевшее и совершенно не похожее на то, юношеское сердце, страстное и пламенное.

Почему так происходит? Часто мы обвиняем обстоятельства, людей в том, что они обманули наши надежды, наши ожидания. Но при этом совершенно не задумываемся о том, почему же мы сами позволили нас обмануть? Ведь если бы мы не позволяли другим людям себя обманывать, не позволяли бы себе питаться нереальными надеждами, а просто реально смотрели на вещи, не в розовых очках, а трезво оценивали ситуации, анализировали бы поступки людей, слушали то, что они нам говорят, о чём рассказывают, то и разочарований было бы меньше. Жизнь разочаровывает тогда, когда накладываются неприятные ситуации одна на другую, идут чередой «чёрных» полос. А мы молчаливо с этим соглашаемся. Почему же сразу, заметив слабое проявление чего-то неприемлемого, мы не делаем соответствующие выводы? А часто, как слепые котята, ползём упрямо дальше. Чем раньше мы прозреем, тем лучше для нас самих же. Сказать «стоп!» первому неблаговидному поступку близкого человека порой трудно и боязно. Но надо! Иначе дальше пойдёт как снежный ком, по накатанной дорожке... Любой, самый маленький, негатив, как камушек, «падает» на дно нашей души, накапливаясь до критического веса. И когда наступает эта, можно так сказать, «точка росы» (извините, если научно выражаюсь не точно), идёт катастрофический процесс разрушения всего того, что было накоплено... это и наносит боль душе, раня сердце. Наступает разочарование.

Никто не застрахован от этого, никто. Но и совсем не обязательно переживать бесконечно это чувство! Нельзя прожить жизнь, ничего не изменив в себе. В течение жизни мы учимся ходить-говорить в начале, писать-читать далее, водить машину-зарабатывать деньги – ещё позже. Затем наступает момент учиться строить отношения, семью, растить детей, внуков. Мы учимся в течение всей жизни. Если человек не развивается, он деградирует, т.е. разрушается. Точно так же стоит учиться приспосабливаться к жизни, учиться уходить от разочарований. Как? Да не строить воздушных замков, не витать в облаках, анализировать, быть внимательным, наблюдать и чувствовать других людей. Это легче, чем может показаться на первый взгляд. Настраивайтесь на волну того человека, с кем вы общаетесь, кто вам симпатичен. Старайтесь почувствовать его внутренний мир, его ощущения и заботы. Кстати, это не зависит от расстояния между вами. В тонком мире не существует понятия расстояние. Гораздо важнее «настрой на волну» человека. Без определённых навыков это может получиться не сразу, но при повторении попыток обязательно получится. И похоже это чувство на связь матери и ребёнка.

Развивайтесь и совершенствуйте свой внутренний мир! И пусть это не поможет вам в уже пережитых разочарованиях, но обязательно убережёт от новых.

ЧЕМ ОПАСНА ГОРДЫНЯ В ЧЕЛОВЕКЕ

 Сейчас мы часто слышим разговоры о том, что мир катится в пропасть, стал не таким, как был раньше. Люди много болеют, агрессия разрастается, семьи распадаются. Причитания, осуждение, сожаление о прошлом…. Только вот о причинах всего этого мало кто задумывается.

Сегодня я хочу поговорить о гордыне как об одной из причин человеческих бед, об её проявлениях и о том, как победить гордыню. Не следует недооценивать это качество характера человека. Если начать разбираться глубоко, то можно проследить связь между нею и болезнями, неудачами в жизни людей.

Гордость и гордыня

Эти два понятия очень сходны по корневой части слова и по своей природе. Гордость часто приветствуется в человеке, считается положительной чертой. А замечали ли вы, что гордые люди зачастую закрыты и одиноки? Почему так происходит? Возможно потому, что они балансируют по острому острию бритвы, рискуя оступиться и упасть в объятия гордыни…

Гордыня – это осуждение окружающего мира, ощущение собственного превосходства над ним. Человек считает себя лучше других, умнее, красивее, богаче, удачливее. Причём, сам он может этого даже не осознавать. Все эти чувства чаще располагаются в подсознании, и лишь заглянув в себя, в свой внутренний мир, можно прийти к пониманию глубинных процессов.

Наш мир справедливее, чем кажется на первый взгляд. И в нём все люди равны и уникальны по-своему. Нет плохих или хороших. В каждом человеке сочетается как белое, так и чёрное. Поэтому никто не имеет права осуждать другого.

Проявления гордыни

В христианстве гордыню считают одним из смертных грехов. Ведь стремление человека превознести свои знания, свою мудрость над остальными людьми, говорит об отрицании ним того же в этих других людях. Но все мы по своей сути равны, в каждом из нас присутствует Божественное начало. А отрицание, или неприятие, подразумевает смерть. Т.е. человек, испытывающий презрение, обиду, ненависть к другому или целой группе людей, а также осуждающий оступившегося или даже государство, на подсознательном уровне желает исчезновения этого. А это и есть смерть.

Кто из нас не знаком с обидой и не обижался никогда? Да это случается сплошь и рядом! Только одни слишком обидчивы, другие в меньшей степени. Многим и в голову не приходит, что обида – это проявление гордыни. «Я такой хороший, а ты не делаешь так, как я хочу! Вот не буду с тобой разговаривать, пусть тебе будет плохо!» И хорошо, если такое состояние проходит быстро, человек искренне просит прощения и обида остаётся в подсознании небольшим сгустком отрицательной энергии, «прячась» где-нибудь в уголочке души. А если оно продолжается достаточно долго и часто, несёт эмоциональную окраску, то можно представить, какая разрушительная сила сокрыта в этом. Причём, направлена эта сила в большей степени именно на обижающегося. Выхода она не находит и начинает разрушать человека изнутри – сначала психику, потом переходит на физическое тело. А вы думаете, откуда берутся болезни?! Да мы сами их себе создаём!

Производные гордыни

Возьмём другие признаки гордыни — **раздражение, осуждение, агрессия**. Природа и проявления их очень сходны. Человеку не нравится что-то в другом, его это раздражает, и он активно или пассивно осуждает. Накричит или подумает про себя – суть от этого не меняется. Мысль материальна и имеет огромную силу, поэтому молчаливое осуждение ничем не лучше рукоприкладства, например. Всё это тоже отрицание, ведущее к разрушению. Причём, обратите внимание, разрушающая волна негативной энергии имеет круговую траекторию, и не может не затрагивать всех окружающих людей. Особенно чувствительны к ней дети, т.к. в детском возрасте закладываются основные черты личности.

Зависть также можно отнести к производным гордыни. Не позволение другим быть лучше себя, оборачивается бедой, прежде всего самому завистнику.

Особое внимание стоит обратить на то, что гордыня имеет два способа проявления – явное и скрытое. Явное — **презрение, осуждение, злословие, ненависть, обида.** К скрытой форме её проявления можно отнести **чувство вины.** Неуверенность в себе порождает угрызения совести и ощущение вины перед кем-то или чем-то. Но такое присутствие совести играет злую шутку с её обладателем. Человек, который считает себя недостойным, плохим и мучается от угрызений в собственной ничтожности, на подсознательном уровне отрицает себя, свою уникальность и право на полноценную жизнь.

Избавление от гордыни

Итак, перед нами встаёт вопрос – как победить гордыню? Любое избавление от чего-либо подразумевает работу человека над собой. Прежде всего, посмотрите себе в глаза и признайте её существование, в любом проявлении. Она – достойный соперник и справиться с нею будет нелегко. Но если вы дошли до этого места статьи, значит вам под силу её победить.

Примите ответственность за свою жизнь на себя. Это значит, что вы и только вы создавали свою жизнь в теперешнем виде изо дня в день. Своими мыслями, желаниями (или не желаниями), действиями (или бездействием) притягивали определённые события. А раз это делали вы, или позволяли делать за вас другим, то к чему обвинять кого-то?!

Принимайте людей такими, какие они есть. Сумейте увидеть и уважайте в них хорошее, а плохого старайтесь не замечать. Помните, мы замечаем в других то, что уже есть в нас самих. В каждом человеке можно найти положительные черты, даже в самом отъявленном преступнике.

Не концентрируйтесь на негативе, не прокручивайте его в мыслях. Идя по улице, обратите внимание на лица встречных людей. Большинство из них озабочены, мрачны. Если вам неловко улыбаться незнакомым людям, хотя бы старайтесь не быть похожими на них, улыбайтесь себе внутренней улыбкой.

Делайте комплименты, восхищайтесь людьми, хвалите их за любые поступки, даже если не совсем удачные, поддерживайте и вселяйте надежду. Всем людям одинаково важно одобрение, внимание, искренность. Никогда наказание не было и не будет положительным воспитательным моментом. Только одобрение, в виде материального или нематериального поощрения. И это касается как детей, так и взрослых.

Как видите, все советы направлены на развитие в себе данных от природы положительных качеств. Всё, чему мы уделяем внимание, увеличивается, растёт. Всё положительное, что есть в человеке, точно так же развивается, если на нём сосредотачиваться постоянно. А отрицательное просто самопроизвольно устраняется, уменьшается и становится незаметным. В этом и заключается главный секрет, как победить гордыню.

ЗАЧЕМ НУЖНО ПРОЩЕНИЕ И КАК ЭТОМУ НАУЧИТЬСЯ

 Сила прощения – это особая сила, которая, высвобождаясь, даёт поступательный толчок человеку для дальнейшего развития. Также она дарит ему свободу и покой в душе, без которых жизнь неполноценна. И недооценивать эту силу, по крайней мере, несерьёзно. Наверно многие из вас сейчас подумали, что речь идёт о том, чтобы попросить прощения у тех, кого мы обидели в своей жизни. Да, это важно, и откладывать в долгий ящик не стоит. Причём, в который раз подчеркну, делать это нужно искренне, от души. Иначе эффекта не будет.

Но не менее важно, а может и более для нас самих – наше собственное освобождение от обид.

Почему мы обижаемся?

Малышке не купили куклу, родители не заметили старания сына, учительница пристыдила девочку-подростка при всём классе, парень бросил девушку без объяснений… Казалось бы, банальные ситуации и не стоит на них долго зацикливаться, лучше забыть и «выбросить» из головы. Так проще. Но это только на первый взгляд. Так ли уж безобидны такие случаи? Неудовлетворённые потребности и ущемлённое самолюбие – это источники обид. Не высказанные слова, не выплеснутые эмоции – сгустки негатива, которые оседают в душе. Они не исчезают, как хотелось бы, а отодвигаются сознанием в потаённые уголочки внутреннего мира. Так может лучше накричать, помахать кулаками или разбить тарелку? Говорят, через такие действия возмущение рассеивается в пространстве и «обиженный» чувствует себя лучше. Но каково окружающим? И как вы представляете себе ту же малышку или девочку-подростка в ситуации истерики? Девчушку могут наказать-обидеть ещё больше, а подросток может окончательно лишится авторитета у одноклассников. Поэтому чаще реакция на обиду – именно «захлопывание» в собственной «раковине», мысленное лелеяние несправедливости. Что ведёт к постепенному формированию «комплекса жертвы», как говорят психологи.

Сила прощения

Затаённые обиды можно сравнить с чем угодно, например, с кишащим гнездом змей. Как вам такое сравнение? Неприятно?! А носить за собой по жизни мешок камней разве лучше? И это хорошо ещё, если каждая обида не поселится где-нибудь в сердце или в почках, а может, станет «комком» в горле и переродится в неприятное образование. Или будет изнутри «разъедать» нам душу, мешать карьере, портить отношения с близкими людьми... Разве мы об этом мечтаем?! Порой мы даже не догадываемся, откуда «растут» наши неудачи. А они могут быть лишь следствием старых, «забытых», тщательно спрятанных на подсознательном уровне, обид.

А вот теперь давайте представим, что весь этот груз, тянущий нас вниз, мы начнём сбрасывать, как мешки с песком на воздушном шаре. Сначала один, потом второй, третий... Прощение обид, прощение измены... Видите, как шар подхватил свежий ветер и он готов нестись ввысь, лёгкий и свободный...

Вот такова же и сила прощения! И нужна она прежде всего нам самим, как освобождение от оков, сконструированных нами собственноручно.

Как научиться прощать?

И вот мы подошли к самому главному – есть ли методики или техники прощения? Как выявить свои обиды и освободиться от них? Возможно ли это в принципе?

Отвечу сразу – возможно всё! Но настроиться надо на длительную и кропотливую работу. Следует вспомнить всех своих обидчиков, все конфликтные ситуации. И не просто вспомнить, их следует пережить заново, каждую отдельно и в мельчайших подробностях.

Уединитесь и позаботьтесь, чтобы вам не мешали. В спокойном состоянии вернитесь мысленно назад, в прошлое. Восстановите в памяти прошедшее болезненное событие. Не бойтесь душевной боли. Именно она указывает на правильность ваших действий. То, чего больше всего не хочется делать, следует сделать в первую очередь. Насколько это возможно, проживите реалистично весь конфликт, испытайте вновь реакцию обиды. Не стыдитесь слёз и рыданий. Это всё нормально. Вскоре придёт облегчение, знайте это. Пропустите через себя вновь обиду и спокойно отпустите её. Она уйдёт сама.

А на смену придёт спокойствие, удовлетворение, облегчение. Можете мысленно поблагодарить ситуацию и обидчика.

В следующий раз проделайте ту же работу с другой ситуацией. А если есть необходимость и обида застаревшая, повторяйте несколько раз.

Люди связаны друг с другом невидимыми энергетическими нитями. Благодаря обидам, наша энергия может «утекать» по нитям к тем людям, на кого мы обижаемся. Поэтому можете применить ещё одну практику прощения – обрезание связей.

Мысленно представьте себе нити, связывающие вас с человеком, который в своё время проявил к вам несправедливость. Какой они толщины, какого цвета, откуда и куда тянутся? «Возьмите» ножницы, нож, пилу или топор и разорвите их! Почувствуйте освобождение.

Ну а если вы не верите в существование таких связей, напишите письмо прощения. Или несколько писем. Каждому обидчику и обиженному вами. Выскажитесь по полной программе – и претензии, и обиды, и пожелания. А в конце не забудьте сказать спасибо за полученный урок. Письма отсылать не стоит, они нужны вам, а не кому-либо ещё. Можете не хранить их, а просто сжечь, наблюдая, как вместе с бумагой исчезают и ваши раны.

ОЩУЩЕНИЕ СЧАСТЬЯ

 Вам знакомо ощущение счастья? Испытывали ли вы когда-нибудь чувство «полёта» или полной гармонии души и тела? Каждый человек хотя бы однажды пребывал в таком состоянии. И забыть такое просто невозможно! Нам может только казаться, что всё ушло безвозвратно, что внешние силы и обстоятельства загоняют нас в угол и отбирают радость жизни. Но это не так!Ощущение счастья зависит только от нас самих. От того, хотим мы сами этого или нет. Прячемся ли в скорлупу страхов, или делаем вызов судьбе. Счастья нет ни в прошлом, ни в будущем — оно или есть здесь и сейчас, или его нет вообще.

Как войти в состояние счастья?

На первый взгляд может показаться странным вопрос. Разве человек может искусственно вызвать в себе состояние счастья?! Оказывается, может. Подумайте, чего вам очень хочется? Посмотреть любимый фильм, поехать в путешествие, а может просто поцеловать своего ребёнка? Что мешает вам это сделать прямо сейчас? Нет времени, не хватает денег или ещё что-то? Это просто отговорки! Время появится, если пересмотреть свои приоритеты. Деньги никогда не будут в достаточном количестве, так уж устроен человек. Гораздо важнее — ваше желание, его величина и сила. Так вот, возьмите прямо сейчас сделайте то, что хочет ваше внутреннее Я. Пусть это будет пустяк, простое искреннее «спасибо», но сделайте или скажите его с удовольствием, с улыбкой в глазах. И уверяю вас, состояние счастья хотя бы кратковременно, но посетит вас!

От чего зависит ощущение счастья?

Всё так просто, и одновременно сложно. Конечно же, поступки, мысли и слова воздействуют на наше сознание, однако действие их недолговечно. Значит нужно всё чаще делать для себя приятное, говорить и думать только о хорошем, читать и пытаться представлять, т. е. визуализировать (можно использовать состояние медитации) не только картинки, но и звуки, запахи, ощущения, эмоции, чувства — всё, необходимое нам для ощущения счастья, не давая заканчиваться его воздействию. Если стремиться к чему-то целенаправленно, всё получится, и постепенно ощущение счастья всё больше будет заполнять ваш внутренний мир.

В период весны, это особенно просто!

Ведь душа сама подсказывает нам, что нужно делать. Радоваться ласковому солнышку, первой изумрудной траве, вдыхать аромат весенних цветов. И, конечно же, влюбиться! В эту красоту, в себя на фоне весны, в человека, который рядом…

Об этом же говорит и Татьяна Плотникова:

«Даже если Вы станете счастливой сама, Вы достигнете многого. Если же Вы сделаете счастливым своего мужа и детей, Вы внесете ОГРОМНЫЙ ВКЛАД в процветание человечества. Не нужно спасать все человечество. Начните с себя»

Так давайте же действовать!

РАССВЕТ

Вы когда-нибудь видели рассвет? Наверно каждый человек хоть раз в жизни видел это природное явление. А какие эмоции вы испытывали? Или никаких?! Задайте себе этот вопросы. Думаю, ответы вас удивят.

Раннее летнее утро. Ты встаёшь и на цыпочках выходишь из дому, чтобы не разбудить мужа и детей. Выходишь со двора и вот уже вприпрыжку идёшь к озеру. Туман стелется по земле. Сумрак только-только начинает рассеиваться. До рассвета ещё есть время и можно искупаться. Ты заходишь в воду. Воздух полон запахами, доносящимися из леса; с лугов и полей чувствуется аромат молодой травы, которую будут косить в конце августа, и все это перемешивается с запахом воды. Где-то вдалеке прокричала какая-то птица. Ты стоишь на берегу, и смотришь, пытаешься заглянуть за горизонт.

И вот начинается чудо. Сначала видна только еле-еле различимая светлая полоска. По поверхности воды бегут и разливаются в разные стороны блики, и край их невозможно увидеть. За светлой полоской, следует вторая, третья и вот уже весь горизонт окрашен всеми оттенками красного и розового. Ты затаив дыхание смотришь на рождающийся новый день. Ты называешь такой рассвет нежным, ибо он как прикосновение Бога — таит в себе нежность, он как поцелуй матери – нежный и в то же время ненавязчивый. Ты стоишь и завороженно смотришь, как начинается новый день, как пробуждается ото сна все живое, что окружает тебя. И ты понимаешь, почему рассвет называют «началом». Ты впитываешь всю нежность рассвета и наполняешься энергией будущего дня. Именно в этот миг ты понимаешь, что нежность рассвета и женская нежность являют собой одно целое. Ведь это все едино. Нужно лишь вспомнить об этом.

И вот наступает кульминация. Восходит солнце. Оно являет собой символ жизни, продолжения. Оно показывает тебе, что за ночью всегда, обязательно приходит рассвет, а за рассветом восходит солнце и значит, есть смысл продолжать жить. Несмотря ни на что! Вопреки всем человеческим обстоятельствам. Ибо в глазах Бога мы бессмертны, вернее бессмертна наша душа.

А значит, мы есть всегда!

Любите себя! Обращайте больше внимания на природу. Вместо того чтобы просидеть у компьютера или телевизора пройдитесь по улице. Даже если вы живете в городе там обязательно есть парки, скверы и т.п. Верно говорится – было бы желание…

Ирина Суббота

Printed by Books on Demand GmbH, Norderstedt / Germany